# 内蒙古自治区种植业重点产业链发展报告

董奇彪　侯丽丽　闫　东　主编

中国农业出版社

北　京

# 编　委　会

# 前　言

　　内蒙古是全国重要粮食产区，是全国十三个粮食主产省份之一，六个净调出省份之一。2023 年粮食播种面积 10 477.1 万亩[①]，粮食产量达到 791.6 亿斤[②]，实现了"二十连丰"。特别是玉米、大豆和马铃薯均为内蒙古传统优势特色作物，种植规模居全国前列，产业发展基础良好。2023 年内蒙古各级相关部门全力推进玉米、马铃薯和大豆三大产业发展，并作为自治区重点产业链给予支持，取得了显著成效。

　　2023 年，内蒙古自治区深入贯彻落实习近平总书记重要指示批示精神，按照自治区党委和政府关于建设国家重要农畜产品生产基地安排部署，坚持绿色引领、创新驱动、龙头带动、品牌支撑，聚焦推动落实"将玉米千亿级产业做精做强"、"马铃薯百亿级产业扩规提质"及扩种大豆的目标。全区玉米种植面积 6 420.4 万亩，总产 635.9 亿斤，占全国玉米面积和总产的 9.7％和 11.1％，单产 990.5 斤/亩，较全国单产高 119.1 斤/亩。全区马铃薯种植面积 370.1 万亩，增加 34.1 万亩，实现止跌回升。平均单产达到 702 斤/亩，总产达到 26 亿斤，较上年新增 3.7 亿斤。全区大豆种植面积 1 852.9 万亩，同比增加 1.1％，产量 48.9 亿斤，单产 263.8 斤/亩。内蒙古正在由玉米、马铃薯和大豆产业发展大区向产业强区迈进。

　　为总结、交流、宣传内蒙古各地推进玉米、马铃薯和大豆产业链工作成效和经验，我们组织编写了《内蒙古自治区种植业重点产业链发展报告》。本书重点梳理分析了 2023 年度全球、全国、内蒙古及重点盟市玉米、马铃薯和大豆产业链发展现状和取得成效等内容，以期为今后产业发展提供参考。

　　由于时间仓促，疏漏之处在所难免，望读者批评指正。

编　者

2024 年 2 月

---

①　亩为非法定计量单位，1 亩＝1/15 公顷≈667 米²。——编者注

②　斤为非法定计量单位，1 斤＝0.5 千克。——编者注

# 目　　录

# 第一章　玉米产业链发展报告

## 一、全球玉米产业发展情况

玉米为禾本科、玉蜀黍属植物，起源于墨西哥或中美洲地区，自1492年哥伦布在古巴发现玉米后，逐渐传播至整个南北美洲进行栽培。大约在16世纪中期，中国开始引入玉米，在18世纪时，玉米进一步传播到印度。

### 1. 全球玉米生产基本情况

**（1）区域分布**　玉米在全球种植区域广泛，世界有165个国家和地区生产玉米，种植面积最大的是北美洲，其次是亚洲、非洲和拉丁美洲。2000—2021年，美国、中国、巴西、欧盟和阿根廷的玉米产量居世界前五位，占全球玉米产量的70%以上。其中，美国和中国一直是世界最大的玉米生产国。近年来，美国在世界玉米生产中的份额下降了11.12%，从2000年的42.5%下降到2021年的31.45%，而中国和阿根廷的份额则略有增加。

其中，中国由2000年的17.92%上升至2021年的22.39%，2008年之后基本稳定在20%以上；阿根廷从2000年的2.6%上升至2021年的4.23%；巴西在全球玉米产量中所占的比例略有波动；欧盟的玉米产量占世界玉米产量的比例则呈下降趋势，从2000年的8.76%降至2021年的5.83%。

**（2）种植面积和产量**　全球玉米种植面积呈现逐年增长的趋势。根据联合国粮食及农业组织（FAO）的数据，2018年全球玉米种植面积1.37亿公顷，2020年为1.43亿公顷，2022年增长为1.46亿公顷。其中，2022年美国的玉米种植面积和产量均创历史新高，达到3 205万公顷和3.49亿吨；同时中国也实现了玉米种植面积和产量的稳步增长，达到4 307万公顷和2.77亿吨；此外，南美洲国家的玉米种植面积和产量也呈现稳定增长的趋势。

近5年全球玉米总产量维持先增后减再度增加的趋势。其中2021年产量达到近5年最高位，为12.20亿吨，2023年玉米总产量预计是12.14亿吨，同比2022年增幅5.13%。2023年全球玉米产量增加，从主产国家来看，中国、美国、阿根廷产量增加明显。其中，中国玉米产量预计是2.55亿吨，占全球总产量的21%。美国产量位居全球首位，总产量是3.83亿吨，占全球总产量的31.55%。此外产量较大的有巴西、阿根廷、乌克兰（图1-1、图1-2）。

### 2. 全球玉米贸易情况

1996—2019年全球玉米进出口量均呈增加趋势，其中进口量增速略慢于出口量增速。全球玉米出口量由1996年的7 178.09万吨增加到2019年的19 166.32万吨，增长率为167.01%；玉米进口量由1996年的7 085.31万吨增加到2019年的18 599.20万吨，增长

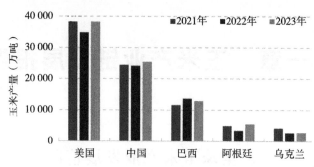

图 1-1 2021—2023 年全球玉米主产国家
资料来源：卓创资讯。

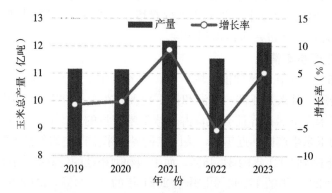

图 1-2 2019—2023 年全球玉米总产量走势
资料来源：卓创资讯。

率是 162.50%（图 1-3）。

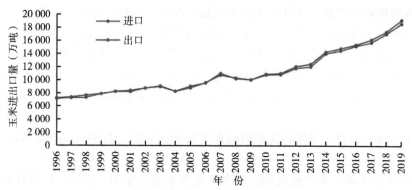

图 1-3 1996—2019 年全球玉米进出口情况
资料来源：FAOSTAT，郝永莉整理。

从全球范围来看，2023 年全球玉米主要进口国或地区为中国、墨西哥、日本、东南亚和欧盟，占全球进口总量的 52.96%，中国全年进口量预计在 2 000 万吨，占全球进口总量的 10.43%。2023 年中国进口玉米主要来自美国、巴西、乌克兰。全球玉米主要出口国是巴西、美国、阿根廷、乌克兰，占全球总出口量的 82.43%，2023 年巴西超过美国成为玉米第一大出口国，全年出口量在 5 700 万吨左右，主要是出口中国的玉米数量增加

（图1-4、图1-5）。

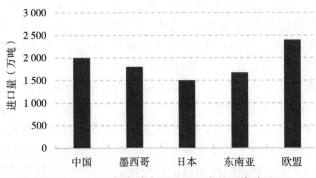

图1-4　2023年全球主要进口玉米的国家或地区
资料来源：卓创资讯。

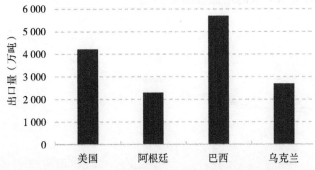

图1-5　2023年全球主要出口玉米的国家或地区
资料来源：卓创资讯。

### 3. 全球玉米消费情况

全球玉米消费量与生产量年际波动情况大致相同。从图1-6看出，全球玉米消费量在1996—2008年之间增长缓慢，在2009—2019年之间增长率变快。

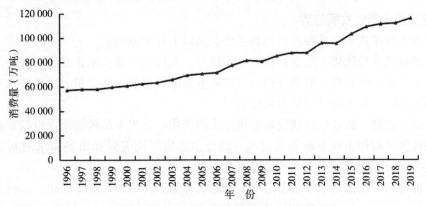

图1-6　1996—2019年全球玉米消费量
资料来源：FAOSTAT，郝永莉整理。

2019年全球玉米总消费量是116 405.9万吨，比1996年增加了103.08%。其中饲用玉米消费量是68 349.8万吨，占总消费量的58.7%，比1996年增加了82.02%；食用玉米消费量是 14 502.7 万吨，占总消费量的 12.5%，比 1996 年增加了 58.52%；损耗玉米消费量是 6 310 万吨，占总消费量的 5.4%，比 1996 年增加了 149.95%；加工玉米消费量是 6 151 万吨，占总消费量的 5.3%，比 1996 年增加了 83.80%；种子玉米消费量是 731.7 万吨，占总消费量的 0.6%，比 1996 年增加了 30.1%；其他玉米消费量是 20 000 万吨，占总消费量的 17.2%，比 1996 年增加了 398.80%。

从目前形势来看，玉米既是全球产量最高也是消费量最大的粮食作物。全球玉米的生产量和消费量自 1996 年以来持续增长，消费量增长的年际幅度低于产量的增长。1996 年以后，以转基因玉米种子为代表的单产技术的发展，在很大程度上促使玉米单产有了大幅度提高，进而增加了玉米产量。玉米产量的增加又刺激了玉米饲料用途和非食用加工用途的快速发展，此方面玉米消费量的增加则正好符合全球范围内伴随收入增加而带来的蛋白质类食物消费的增加，以及低碳能源需求的增加带来的生物能源发展趋势的增长，因而又反过来更加刺激了对玉米需求的增加（图 1-7）。

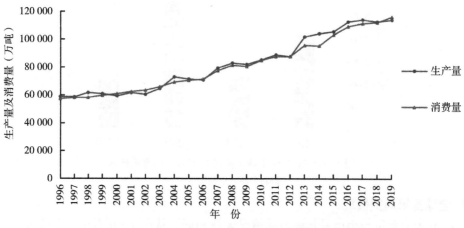

图 1-7 1996—2019 年全球玉米生产量和消费量
资料来源：FAOSTAT，郝永莉整理。

### 4. 全球玉米产业发展趋势

全球玉米种植技术和品种改良趋势主要包括以下几个方面：

**（1）种植技术现代化** 随着科技的不断进步，现代化农业技术正在逐步普及。如精准农业、智能农业、生物技术等的应用可以提高玉米的种植效率和产量。这些技术的推广将有助于提高全球玉米市场的竞争力和效益。

**（2）品种改良** 随着气候变化和市场需求的变化，对玉米品种的要求也越来越高。因此，各国科研机构和企业不断加大投入，培育出适应不同气候和市场需求的新品种。未来，品种改良将成为全球玉米产业发展的重要趋势之一。

**（3）种植结构调整** 随着消费者对玉米品质和类型的需求日益多样化，种植结构的调整势在必行。未来，各国将更加注重多样化种植，优化种植结构，提高产品质量和附加值，满足不同市场需求。

**（4）深加工技术升级** 随着科技的不断进步，玉米深加工技术也在逐步升级。未来，各国将更加注重玉米深加工技术的研发和应用，提高产品附加值和竞争力。例如，发展高精度淀粉、多元醇、乳酸等高附加值产品，拓展玉米深加工产业链。

（5）**环保技术和循环经济发展模式的应用**　随着环保意识的提高，各国政府和企业越来越重视环保技术和循环经济的发展。在玉米种植中，将更加注重生态保护和资源循环利用，推广有机农业和绿色农业，减少环境污染和资源浪费。

综上所述，全球玉米产业的发展趋势将朝着种植技术现代化、品种改良、种植结构调整和环保技术应用等方向发展，这些趋势将有助于提高玉米的产量和质量，满足市场需求，促进产业的可持续发展。

### 5. 典型主产国政策支持情况

美国：作为全球最大的玉米生产国之一，美国的玉米产业政策与法规主要体现在价格支持、种植补贴、出口鼓励等方面。美国政府通过各种手段来稳定玉米市场价格，保障农民的利益。此外，美国政府还为农民提供种植补贴，以鼓励他们扩大种植面积和提高产量。在出口方面，美国政府通过出口鼓励政策来促进玉米出口，提高全球竞争力。

中国：中国是全球第二大玉米生产国，玉米产业政策与法规主要体现在农业补贴、价格支持、科研投入等方面。中国政府通过农业补贴和价格支持来稳定玉米市场价格，保障农民的收益。此外，中国政府还加大了对农业科研的投入，鼓励科研机构和企业加强合作，培育出适应中国气候和市场需求的新品种。

巴西：巴西是全球第三大玉米生产国，其玉米产业政策与法规主要体现在鼓励种植、出口退税等方面。巴西政府通过给予农民种植补贴等手段来鼓励种植玉米，以增加国内供给量。同时，巴西政府还实行出口退税政策，鼓励玉米出口。

欧盟：欧盟的玉米产业政策与法规主要体现在共同农业政策（CAP）和直接补贴等方面。欧盟通过共同农业政策来稳定市场价格和支持农民的收益。此外，欧盟还实行直接补贴政策，鼓励农民种植玉米并提高产量。

通过对不同国家玉米产业政策与法规的比较分析，可以发现各国的政策与法规存在一定的差异。这种差异不仅体现在具体措施上，也体现在政策目标上。例如，美国的政策目标主要是保障农民利益和稳定市场价格；中国的政策目标主要是稳定市场价格和支持农业科研；巴西的政策目标主要是鼓励种植和出口；欧盟的政策目标主要是稳定市场价格和支持农民收益。

# 二、国内玉米产业发展现状

### 1. 我国玉米种植情况

（1）**我国玉米种植区域分布**　玉米是我国第一大粮食作物，在全国 31 个省份均有种植，主要集中在东北、华北和西南地区，大致形成一个从东北到西南的斜长形玉米种植带。种植面积较大的省份主要有黑龙江、吉林、河北、山东、河南、内蒙古、辽宁等，这几个省份玉米播种面积占到全国总播种面积的 66% 左右。经多年的规划与调整，目前我国玉米主产区主要有以下六大区域：

①北方春播玉米主产区　包括东北三省、内蒙古、宁夏及河北、山西、陕西、甘肃的一部分地区。一年一熟，旱地为主，面积 8 000 万亩左右，占全国玉米面积的 26.67%。

②黄淮海平原夏播玉米主产区 包括山东与河南全部，河北、山西中南部，陕西中部，江苏、安徽北部。一年两熟，水浇地与旱地并重，面积 13 000 万亩左右，占全国玉米面积的 43.4%。

③西南山地玉米主产区 以四川、云南、贵州全部，湖南与陕西南部及广西西部丘陵地为主。一年一熟、二熟、三熟并存，水旱田交错，面积 6 000 万亩左右，占全国玉米面积的 20%。

④南方丘陵玉米主产区 包括广东、江西、福建、浙江、上海、台湾、海南全部，广西、湖南、湖北东部及江苏、安徽南部。水田旱地并举，一年三熟，玉米有春、秋、冬播，面积 1 500 万亩左右，占全国玉米面积的 5%。

⑤西北灌溉玉米主产区 包括新疆全部和甘肃河西走廊。一年一熟或二熟，水浇地为主，面积 1 300 万亩左右，占全国玉米面积的 4%。

⑥青藏高原玉米主产区 包括青海、西藏全部。一年一熟，旱地春播单作，面积 300 万亩左右，占全国玉米面积的 1%。

**(2) 我国玉米种植面积** 自 1996 年以来，玉米成为我国种植面积最大的粮食作物。2013—2023 年，玉米种植面积呈现出先增后减再增的趋势（图 1-8）。其中：2020年种植面积为 61 890 万亩；2021 年因玉米价格涨至历史高位，最高达到 2 925 元/吨，农户种植收益增加，使得玉米面积增加明显，处于近 6 年的峰值，达到 64 980 万亩，较上年增长 5%；2022 年受大豆玉米复合种植、扩种大豆等政策影响，东北地区大豆面积增加，玉米面积减少，使得 2022 年全国玉米面积下滑，为 64 605 万亩；2023 年在粮豆轮作政策影响下，东北地区玉米面积恢复性增加，为 66 328.4 万亩，较上年增加 2.7%。

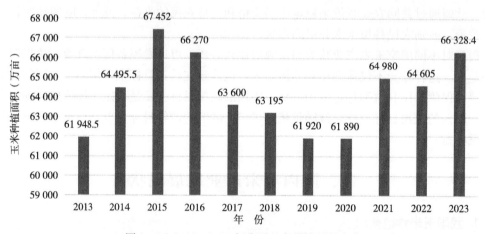

图 1-8 2013—2023 年我国玉米种植面积变化

**(3) 我国玉米总产量** 玉米产量随着种植面积的变化而变化，我国玉米总产量呈先增后减再增的趋势（图 1-9）。其中：2020 年玉米总产量 26 070 万吨；2021 年受面积快速增长影响，总产达到 27 255 万吨，同比增长 4.6%；2022 年玉米总产量 27 720 万吨，较2021 年增加 1.7%；2023 年因主产区华北和东北地区丰产，以及东北面积略增，2023 年玉米产量同比增加明显，为 28 884.2 万吨，较上年增加 4.2%。

**(4) 我国玉米单产量** 2016 年我国玉米播种面积受到减压，产量出现下降，主要是农业

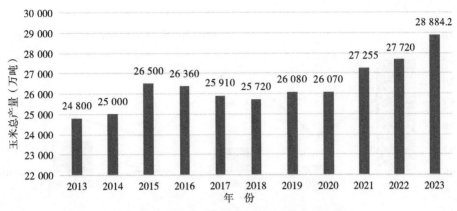

图 1-9 2013—2023 年我国玉米总产量变化

供给侧结构性改革持续推进、玉米临储政策取消以及大豆振兴计划等原因，使得播种面积降幅与产量降幅没有同步，原因在于单产提高。随着我国农业管理水平的提升，种子、农药、化肥、机械等物质投入的加大，玉米单产总体波动幅度趋缓，上升趋势明显（图 1-10）。2019 年我国玉米单产 842.6 斤/亩，2020 年我国玉米单产基本与上年持平，较 2016 年提高了 5.86%；2021 年玉米单产有所下降，为 839.2 斤/亩，较上年减少 0.4%；2022 年玉米单产 853.4 斤/亩，较上年增加 1.6%；2023 年玉米单产 871.4 斤/亩，较上年增加 2.1%。

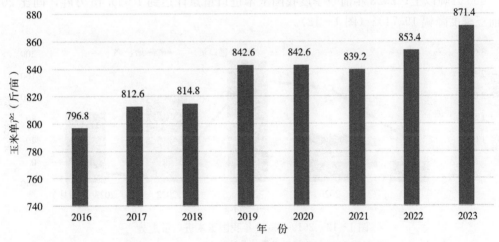

图 1-10 2016—2023 年我国玉米单位面积产量变化

**2. 我国玉米进出口情况**

**（1）出口情况** 20 世纪 90 年代中后期至 21 世纪初，我国玉米以出口为主，主要出口至东亚、东南亚等国家和地区。与美国、阿根廷、巴西等国一样，我国在全球玉米出口贸易中扮演着关键角色。2000 年、2002 年、2003 年我国玉米出口均超过 1 000 万吨，其中 2003 年出口量达到 1 639.1 万吨，为近 20 年来最高值。2008 年开始，我国玉米出口量锐减，由 2007 年的 491.8 万吨减少为 27.3 万吨，减少了 94.4%。2013 年出口量首次跌破 10 万吨，为 7.8 万吨，此后呈波动下降趋势，2020 年出口量 0.3 万吨，到 2022 年出口量仅为 0.1 万吨。截至 2023 年 9 月我国玉米出口 0.72 万吨（图 1-11）。

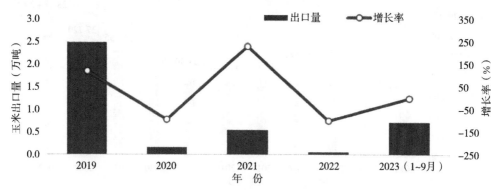

图 1-11 2019—2023 年我国玉米出口量走势

资料来源：卓创资讯。

**（2）进口情况** 目前我国是世界上最大的玉米进口国。2009 年及以前我国玉米进口量一直保持在 10 万吨以下的较低水平。2010 年进口量激增至 157.3 万吨，较上年增加了 148.9 万吨，也首次由玉米出口国转变为进口国。此后进口量呈波动上涨趋势，2020 年首次突破 1 000 万吨，为 1 129.6 万吨，也首次超过了 720 万吨的进口配额；2021 年增加到 2 835 万吨，较上年增加了 152.2%；2022 年为 2 062 万吨，同比减少 27.3%，但仍保持在 2 000 万吨以上；2023 年前三季度我国玉米进口量累计达到 1 655.45 万吨，同比 2022 年前三季度降幅 19.71%（图 1-12）。

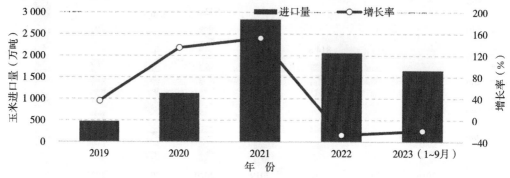

图 1-12 2019—2023 年我国玉米进口量走势

资料来源：卓创资讯。

近 5 年我国进口玉米贸易伙伴趋于多元化，2019 年我国进口玉米以来自乌克兰为主，占到进口总量的 86.37%。2020 年开始，随着中美贸易关系缓和以及经贸协议的执行，来自美国的进口玉米数量增加。2020—2022 年，乌克兰和美国成为我国进口玉米的主要贸易伙伴，这三年来自两者的进口量之和分别占到了我国玉米进口总量的 94.18%、98.99%、97.62%。2023 年为提高我国进口玉米来源的多样性，我国建立了与巴西的玉米进口路径，有利于补充国内玉米阶段性供应不足（图 1-13）。

**3. 我国玉米消费情况**

玉米主要应用于饲料、工业原料、食品三大领域，占比约为 66%、26%、8%。作为

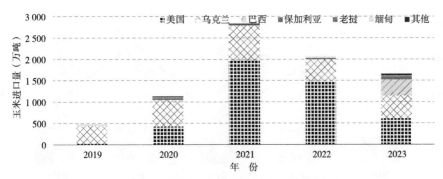

图 1-13　2019—2023 年我国玉米进口量按贸易伙伴划分

资料来源：卓创资讯。

饲料原料，玉米秸秆在家畜饲料领域的高效利用具有显著的经济效益。在食品方面，玉米是全球最重要的粮食之一，其营养价值优于稻米、薯类等作物。随着玉米加工产业的进步，玉米食品的种类和质量得到了持续提升。此外，玉米籽粒还可作为重要的工业原料，我国目前已拥有超过 200 种的玉米加工产品，主要包括淀粉、淀粉糖、酒精、赖氨酸、谷氨酸和柠檬酸等。近 5 年我国玉米总消费量呈震荡上行的 M 形走势（图 1-14）。

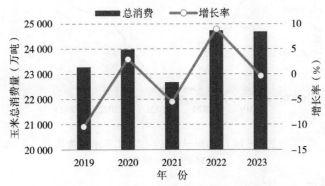

图 1-14　2019—2023 年我国玉米总消费量

资料来源：卓创资讯。

饲料消费是玉米最重要的消费渠道，用量随着饲料产量的变化而变化。2021 年之前，饲料玉米的用量和饲料产量变化趋势基本一致，但近几年随着饲料玉米的替代品相对充裕，且种类增多，中大型企业逐步减少玉米的用量，饲料产量和饲料玉米用量呈现相反的变化趋势。2021 年在饲料产量微增的情况下，受替代品价格优势明显，且用量增加的影响，饲料玉米用量下降明显；2022 年饲料产量下降，而饲料玉米用量呈增加趋势；2023年受替代品供应充足影响，饲料玉米用量下降，2023 年饲用玉米用量维持在 15 500 万吨，同比 2022 年降幅 2.52%（图 1-15）。

玉米深加工产品有玉米淀粉及淀粉糖、酒精、赖氨酸、味精、柠檬酸等。2019—2023 年深加工玉米消费量先降后增，最高点为 2019 年，用量约为 7 125 万吨；最低点为 2021 年，用量约为 6 570 万吨。2021 年由于玉米价格高位，下游深加工企业经营状况不佳，开工率跌至低位，玉米消费量为 5 年内最低水平。2023 年玉米供应稳定，深加工企业开工率陆续恢复，其中玉米淀粉（含淀粉糖）、酒精、赖氨酸、柠檬酸玉米用

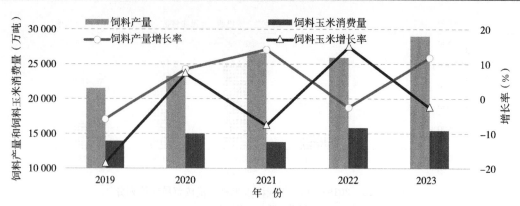

图 1-15　2019—2023 年饲料产量和饲料玉米消费量

资料来源：卓创资讯。

量均有提升，2023 年全年深加工行业玉米消费量 7 106 万吨，较 2022 年的 6 771 万吨增加 4.95%（图 1-16）。

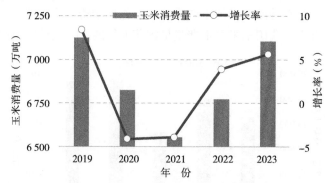

图 1-16　2019—2023 年深加工玉米消费量

资料来源：卓创资讯。

### 4. 品种应用情况

在国内市场环境中，玉米种子产业的发展开始时间相对较早。根据农业相关部门的数据，从 2012 年到 2021 年，我国玉米自主选育品种的种植面积出现了逐步提升，种植面积比例由 85% 增加到 90% 以上（表 1-1）。

表 1-1　我国玉米种子产业发展历程

| 阶段 | 时间 | 具体内容 |
| --- | --- | --- |
| 启蒙与创建阶段 | 1939 年起 | 原华北农事试验场筛选出"华农 1 号"、"华农 2 号" 2 个品种并在华北一些地区进行了推广 |
| | 1947—1949 | 陈启文等作了山东解放区玉米品比试验，并将太行山区的"金皇后"引入推广栽培 |
| 品种间杂交种选育与应用时期 | 1949 年 12 月 | 在"全国农业工作会议"上，对玉米生产与品种选育提出了当前与长远的发展战略 |
| | 1952 年后 | 我国农业科研单位、农业院校先后选育出玉米品种间杂交品种 400 余个，生产中应用较多的品种达 60 余个，我国玉米品种间杂交技术推广面积达 166.7 万公顷 |

（续）

| 阶段 | 时间 | 具体内容 |
|---|---|---|
| 双交种的选育与应用时期 | 1957—1960 年 | 农业部相继颁布了《关于进行玉米杂交选育种工作的意见》、《全国玉米杂交种繁殖推广工作试行方案》、《关于多快好省选育自交系间杂交种，四年推广自交系杂交种的意见》等。据中国农业科学院资料显示，20 世纪 50 年代，我国已育成玉米双杂交种 50 个 |
| 单交种的选育与应用时期 | 1965 年 | 我国玉米育种已由主要培育双交种，发展到主要培育单交种，发挥杂交优势，单交种渐成主导品种 |
| | 21 世纪初至今 | 单交种种植面积在我国杂交种中已占 98.6% |

资料来源：农业农村部种植业管理司。

在近 60 年的时间里，我国玉米品种经历了杂交种、双交种以及单交种 3 次重大飞跃，实现了 6 次大规模的玉米品种更新换代，即以新单 1 号为代表的第一代，以中单 2 号为代表的第二代，以丹玉 13 为代表的第三代，以掖单 13 为代表的第四代，以农大 108 为代表的第五代，以郑单 958 和先玉 335 为代表的第六代（表 1 - 2）。

表 1 - 2　1982—2021 年全国种植面积前 3 的玉米品种

| 年份 | 第一名 | | 第二名 | | 第三名 | |
|---|---|---|---|---|---|---|
| | 品种 | 面积（万亩） | 品种 | 面积（万亩） | 品种 | 面积（万亩） |
| 1982 | 中单 2 号 | 2 403.0 | 丹玉 6 号 | 1 624.1 | 郑单 2 号 | 1 252.1 |
| 1983 | 中单 2 号 | 2 629.1 | 郑单 2 号 | 982.1 | 鲁原单 4 号 | 968.0 |
| 1984 | 中单 2 号 | 2 637.0 | 四单 8 号 | 1 179.0 | 吉单 101 | 1 128.0 |
| 1985 | 中单 2 号 | 2 965.1 | 四单 8 号 | 1 475.0 | 烟单 14 | 1 195.1 |
| 1986 | 中单 2 号 | 3 117.0 | 四单 8 号 | 1 559.0 | 烟单 14 | 1 480.1 |
| 1987 | 丹玉 13 | 3 374.0 | 中单 2 号 | 2 573.0 | 烟单 14 | 1 791.0 |
| 1988 | 丹玉 13 | 4 565.0 | 中单 2 号 | 2 906.0 | 烟单 14 | 1 461.0 |
| 1989 | 丹玉 13 | 5 251.1 | 中单 2 号 | 3 434.0 | 掖单 2 号 | 2 078.0 |
| 1990 | 丹玉 13 | 4 512.0 | 中单 2 号 | 2 806.1 | 掖单 4 号 | 1 866.0 |
| 1991 | 丹玉 13 | 4 685.0 | 中单 2 号 | 2 777.0 | 掖单 2 号 | 2 352.0 |
| 1992 | 丹玉 13 | 3 279.0 | 中单 2 号 | 2 970.0 | 掖单 13 | 1 472.0 |
| 1993 | 丹玉 13 | 2 955.0 | 掖单 2 号 | 2 267.0 | 中单 2 号 | 2 131.1 |
| 1994 | 丹玉 13 | 2 891.0 | 掖单 13 | 2 407.1 | 掖单 2 号 | 2 358.0 |
| 1995 | 掖单 13 | 3 397.1 | 丹玉 13 | 2 838.0 | 中单 2 号 | 2 477.0 |
| 1996 | 掖单 13 | 3 150.0 | 中单 2 号 | 2 536.1 | 丹玉 13 | 2 235.0 |
| 1997 | 掖单 13 | 3 003.0 | 中单 2 号 | 1 742.0 | 掖单 2 号 | 1 566.0 |
| 1998 | 掖单 13 | 2 258.0 | 中单 2 号 | 1 580.0 | 掖单 2 号 | 1 518.0 |
| 1999 | 掖单 13 | 1 534.1 | 四单 19 | 1 298.0 | 中单 2 号 | 1 243.1 |
| 2000 | 农大 108 | 2 811.0 | 掖单 13 | 1 636.1 | 鲁单 50 | 1 111.1 |

（续）

| 年份 | 第一名 | | 第二名 | | 第三名 | |
|---|---|---|---|---|---|---|
| | 品种 | 面积（万亩） | 品种 | 面积（万亩） | 品种 | 面积（万亩） |
| 2001 | 农大 108 | 3 810.0 | 豫玉 22 | 1 097.0 | 鲁单 50 | 961.1 |
| 2002 | 农大 108 | 4 099.1 | 豫玉 22 | 1 470.0 | 郑单 958 | 1 324.1 |
| 2003 | 农大 108 | 3 513.0 | 郑单 958 | 2 114.0 | 豫玉 22 | 1 731.0 |
| 2004 | 郑单 958 | 4 294.1 | 农大 108 | 2 720.0 | 鲁单 981 | 1 143.0 |
| 2005 | 郑单 958 | 5 177.0 | 农大 108 | 2 177.0 | 鲁单 981 | 1 035.0 |
| 2006 | 郑单 958 | 5 858.0 | 农大 108 | 1 445.0 | 鲁单 981 | 1 151.0 |
| 2007 | 郑单 958 | 5 691.0 | 浚单 20 | 1 646.0 | 鲁单 981 | 1 332.0 |
| 2008 | 郑单 958 | 5 704.1 | 浚单 20 | 2 458.1 | 鲁单 981 | 883.1 |
| 2009 | 郑单 958 | 6 810.0 | 浚单 20 | 3 678.0 | 先玉 335 | 1 692.0 |
| 2010 | 郑单 958 | 6 225.8 | 浚单 20 | 4 639.5 | 先玉 335 | 2 878.7 |
| 2011 | 郑单 958 | 6 782.3 | 先玉 335 | 3 572.0 | 浚单 20 | 3 301.2 |
| 2012 | 郑单 958 | 6 854.3 | 先玉 335 | 4 215.3 | 浚单 20 | 2 871.6 |
| 2013 | 郑单 958 | 6 479.0 | 先玉 335 | 4 022.0 | 浚单 20 | 2 389.1 |
| 2014 | 郑单 958 | 5 405.6 | 先玉 335 | 4 061.4 | 浚单 20 | 1 694.0 |
| 2015 | 郑单 958 | 4 629.8 | 先玉 335 | 3 734.6 | 浚单 20 | 1 416.6 |
| 2016 | 郑单 958 | 3 943.8 | 先玉 335 | 3 262.5 | 京科 968 | 2 017.1 |
| 2017 | 郑单 958 | 3 441.2 | 先玉 335 | 2 526.3 | 京科 968 | 2 015.9 |
| 2018 | 郑单 958 | 3 074.3 | 先玉 335 | 2 027.1 | 京科 968 | 2 018.0 |
| 2019 | 郑单 958 | 2 818.1 | 京科 968 | 1 459.1 | 先玉 335 | 1 333.1 |
| 2020 | 郑单 958 | 2 798.0 | 京科 968 | 1 493.0 | 裕丰 303 | 1 460.0 |
| 2021 | 郑单 958 | 1 825.0 | 裕丰 303 | 1 501.0 | 中科玉 505 | 1 304.0 |

注：参考自白岩等《近四十年来我国玉米大品种的历史沿革与发展趋势》。

资料来源：种业知识局。

2023 年 6 月，农业农村部发布 2023 年农业主导品种，玉米有 18 个，为京科 968、登海 605、和育 187、农科糯 336、沃玉 3 号、瑞普 909、秋乐 368、MY73、中玉 303、川单 99、德美亚 1 号、良玉 99、德美亚 3 号、翔玉 998、MC121、申科甜 811、泽玉 8911、优迪 919。

裕丰 303：株型半紧凑，株高 296 厘米，穗轴红色，籽粒黄色、半马齿型，百粒重 36.9 克。具有高产、抗病、耐高温、适应性广等特点。2019 年生产试验，平均亩产（干重）1 413.3 千克。2022 年我区推广面积 190.51 万亩。适宜在中国东华北中晚熟春玉米区、黄淮海夏玉米区做青贮玉米种植。

郑单 958：是我国目前种植面积最大的玉米品种，它集高产稳产、优质耐密、广适多抗于一身，是我国第 6 代玉米单交种的杰出代表。2004 年以来已连续 19 年为全国推广面积最大的玉米品种。2022 年全国推广面积 1 453 万亩，在东华北和黄淮海区已经推广近

20年，全国已累计推广5亿亩。适宜河北、山东、河南、安徽、江苏、山西等夏玉米区和东北、西北地区种植。

中科玉505：2020年通过国家农作物品种审定委员会审定。株型半紧凑，株高286厘米，穗位高113厘米，成株叶片数20片。2019年生产试验，平均亩产（干重）750千克。2022年我区推广面积65.35万亩。适宜在中国黄淮海夏玉米区做青贮玉米种植。

京科968：是中国审定区域最多、覆盖范围最广的玉米品种，也是中国第一个通过国家审定的粮饲通用型玉米品种。科技部推荐为国家"十二五"重大科技成果和国家重点攻关项目标志性成果，被农业农村部誉为"中国近十年来作物育种标志性成果"，荣获中国种子协会颁发的"荣誉殿堂"玉米品种、"百姓欢迎的玉米品种第一名"、"百姓欢迎玉米授权品种"等称号。2019年生产试验，平均亩产715千克。2022年我区推广面积901.12万亩。适宜东华北、西北、东南春玉米区种植。

登海605：2010年通过国家农作物品种审定委员会审定。2010年晚熟组生产试验，平均亩产903千克。2022年全国推广面积1 219万亩。适宜在山东、安徽、山西、河南、内蒙古、河北、辽宁、吉林、湖北、新疆、甘肃、宁夏、陕西等20多个省份种植。

先玉335：杜邦先锋铁岭试验站培育，2004年通过国家审定。2022年全国推广面积475万亩，与郑单958是农业农村部向全国主推的两大玉米品种之一。主要特点是高产、稳产、早熟，脱水快，出籽率高，商品品质好，适合机械化收获，比当地品种有5%～10%的增产优势，适宜东北、西北春播玉米区及黄淮海夏玉米区种植。

2023年我区创高产典型品种：

科河699：是内蒙古巴彦淖尔市科河种业有限公司研发的新品种。该品种适应性广，2017—2022年先后通过内蒙古、甘肃、宁夏、陕西、山西、新疆、河北、吉林、辽宁9个省份审定、引种备案；2019年通过黄淮海夏玉米区国家审定，连续4年入选巴彦淖尔市农业生产优良品种主推名录粮饲兼用型玉米品种。粗蛋白含量11.06%，粗脂肪含量3.55%，粗淀粉含量73.96%，赖氨酸含量0.29%。近3年累计推广面积1 000多万亩。2022年我区推广面积36.98万亩。

禾众玉11：是内蒙古利禾农业科技发展有限公司研发品种，该品种棒型大、深马齿、脱水快；从出苗到成熟128～129天，半紧凑株形，株高285厘米，总叶片数21片；果穗长柱形，穗轴红色，穗长25～27厘米。2022年我区推广面积26.04万亩。适宜在内蒙古、东北、华北等大部分中晚熟区域种植。

迪卡159：该品种生育期出苗至成熟127天，需≥10℃活动积温2 650℃左右，株高280～300厘米，穗位105～110厘米，果穗22厘米左右，穗轴红色，穗行数16～18行，轴细粒深，出籽率达90%以上，籽粒黄色、马齿型，百粒重39.4克左右，籽粒容重784克/升。抗倒伏、抗青枯、抗大斑、抗穗腐。2022年我区推广面积68.45万亩。适宜在吉林省等玉米中晚熟地区种植。

辽单1205：该品种生育期出苗至成熟126天，株高270厘米左右，穗位约105厘米，果穗长25厘米，穗行数16～20行，穗轴红色，籽粒黄色、半马齿型，百粒重40.2克左右。丰产性好、耐密植、抗病抗倒、淀粉含量高、增产潜力大，可作为粮饲兼用型品种，适宜在东华北中晚熟区域推广种植。

C3288：该品种生育期出苗至成熟 126 天，幼苗叶鞘紫色，叶片深绿色，叶缘紫色，花药紫色，颖壳绿色。株型紧凑，株高 286.4 厘米，穗位高 112.2 厘米，成株叶片数 21 片。果穗锥到筒型，穗行数 16～20 行，穗长 18.8 厘米，穗粗 5.3 厘米，穗轴红色，籽粒黄色、马齿型，百粒重 38.9 克。接种鉴定，中抗大斑病，感丝黑穗病，高感灰斑病，中抗茎腐病，抗穗腐病。品质分析，籽粒容重 761 克/升，粗蛋白含量 8.63%，粗脂肪含量 4.12%，粗淀粉含量 76.64%。2022 年全区推广面积 2.28 万亩。适宜在东华北中晚熟春玉米地区种植。

先玉 1483：该品种生育期出苗至成熟 128 天，幼苗叶鞘紫色，叶片绿色，叶缘紫色，花药紫色，颖壳绿色；株高 285 厘米，穗位高 107 厘米，穗长 19 厘米，穗行数 14～16 行，穗轴红，籽粒黄色、半马齿型，百粒重 37.55 克；籽粒容重 782 克/升，粗蛋白含量 9.99%，粗脂肪含量 3.79%，粗淀粉含量 76.89%，赖氨酸含量 0.25%。2022 年全区推广面积 36.88 万亩。适宜在东华北中晚熟春玉米地区种植。

MY73：该品种生育期出苗至成熟 101 天，幼苗叶鞘紫色，花药绿色，株型紧凑，株高 238 厘米，穗位高 94 厘米，成株叶片数 20 片；果穗筒形，穗长 16.6 厘米，穗行数 16～18 行，穗粗 4.8 厘米，穗轴白色，籽粒黄色、硬粒，百粒重 32.5 克；籽粒容重 798 克/升，粗蛋白含量 10.57%，粗脂肪含量 4.08%，粗淀粉含量 72.14%，赖氨酸含量 0.33%。适宜在黄淮海夏玉米地区种植。

TK601：为中熟玉米品种，全生育期 128 天，果穗筒型，红轴黄籽，轴细粒深，籽粒为橙黄色，千粒重 356 克，该品种产量高，最高亩产可达 2 500 斤。2022 年我区推广面积 20.9 万亩。适宜在新疆、宁夏、广西、山西、河南、内蒙古、陕西等地，≥10℃有效积温在 2 200℃以上地区种植。

# 三、内蒙古自治区玉米产业发展报告

为推动落实"将玉米千亿级产业做精做强"的要求，内蒙古自治区农牧厅组织相关部门及玉米加工、收储等企业进行了 5 次座谈，并深入呼伦贝尔市、通辽市、赤峰市等 9 个重点盟市开展十余次调研，就产业发展现状、存在问题和下一步发展方向及举措进行梳理，形成调研报告 8 篇。对国内外、区内外玉米加工企业生产情况、玉米市场和价格进行深入分析，及时研判我区产业发展走势和对策。

**1. 我区玉米产业基本情况**

**（1）种植方面**　2023 年全区玉米种植面积 6 420.4 万亩，同口径较上年增加 128.5 万亩（完成了玉米面积稳定在 6 000 万亩以上的目标），总产 635.9 亿斤，分别占全区粮食的 61.3% 和 80.3%，占全国玉米面积和总产的 9.7% 和 11.1%（全国玉米种植面积 6.63 亿亩，总产 5 776.84 亿斤）；单产 990.5 斤/亩，较全国单产高 119.1 斤/亩（全国单产平均为 871.4 斤/亩）。全区最高单产在通辽市科尔沁左翼中旗花吐古拉镇南珠日河嘎查，种植品种辽单 1 205，产量 2 878.8 斤/亩，较去年最高单产 2 736.0 斤/亩，增加了 142.8 斤/亩，创东北春玉米区和全区的玉米高产纪录。我区玉米品质优良，容重及粗蛋白、粗淀粉、粗脂肪等指标均居全国前列。近年来，玉米市场呈供需两旺态势。

**（2）制育种方面**　全区现有玉米种子生产经营企业49家，其中"育繁推"一体化4家（巴彦淖尔2家、赤峰1家、兴安盟1家），列入国家种业阵型企业1家（巴彦淖尔市科河种业，全国14家），自主知识产权品种自给率为35％。全区推广面积最大的玉米品种是京科968，推广面积901.12万亩（北京市农林科学院玉米研究所选育），我区自育品种中推广面积最大的科河699和峰单189，均在80万亩左右。

研发方面，安排种业振兴资金400万元，启动育种联合攻关，安排种业振兴资金430万元，支持玉米看禾选种平台建设。2023年，审定普通玉米、青贮玉米、鲜食玉米品种共105个；首次审定宜机收品种。制种方面，安排自治区种业振兴资金1400万元，支持赤峰市松山区国家级玉米良种繁育基地和翁牛特旗自治区级玉米制种大县建设。全区玉米制种面积29.8万亩，占全国的6％，制种量约1.2亿斤，80％种子供区内自用，其余销往黑龙江、吉林、辽宁、陕西、山西、甘肃、宁夏、河北等省份。推广方面，建设27个看禾选种平台，分别在呼和浩特市、包头市、呼伦贝尔市、兴安盟、通辽市、赤峰市、乌兰察布市、鄂尔多斯市、巴彦淖尔市和阿拉善盟，共示范品种271个，展示品种936个，全区共组织玉米看禾选种现场观摩培训53次。

**（3）加工和销售方面**　加工能力方面，全区玉米加工转化率53.9％（其中初加工转化率28.4％，精深加工转化率25.5％），具备年加工491.8亿斤玉米的能力。2022年实际加工300亿斤，2023年实际加工量约为343亿斤，较去年提升了43亿斤。加工产品方面，玉米是加工程度高的粮食作物，主要有3个链条，即玉米淀粉、酒精、谷氨酸等精深加工，饲料加工，鲜食玉米为主的食品加工链条。重点加工企业方面，全区有加工龙头企业54家（国家级8家、自治区级46家），遴选了6家"链主"企业，新增500万元以上的玉米加工企业6家（呼伦贝尔1家、包头1家、乌兰察布4家），达到182家，其中精深加工企业146家，可年加工玉米190.7亿斤，预计可实现销售收入485.7亿元。主要加工产品为玉米淀粉及淀粉糖、酒精、味精、赖氨酸、苏氨酸、黄原胶、季戊四醇等，产值由1～2倍逐级增加到20倍以上。鲜食玉米加工企业36家，预计可实现销售收入8.8亿元，较2022年增加72％。全区饲料加工企业408家，年加工玉米78亿斤，生产饲料130亿斤，自给率约为56％，产量占全国的2.2％，总产值227亿元。其中10.4％为禽饲料，37.5％为猪饲料，67.9％为反刍动物饲料。我区饲料品质好、发展快，监测抽检合格率达98％，总产量年均增幅15％以上。加工重点项目方面，计划建成玉米产业链重点项目49个，总投资187.8亿元，已完工项目31个，在建项目18个；呼伦贝尔东北阜丰生物科技有限公司计划投资建设年产50万吨氨基酸及其配套项目，已投入资金30.6亿元，完工率64％，计划2025年12月全部建设完成，预计可年新增产值70亿元，实现税金3亿元以上；自治区工信厅组织2023年重点产业发展专项资金项目申报工作，对阜丰生物科技绿色示范等10个玉米加工项目给予510万元支持。招商方面，多次组织了玉米企业参加招商引资推荐会，签约招商引资项目10个，项目投资金额总计11.85亿元。其中包头市签约项目1个，投资金额1.2亿元，项目正式投产后，增加饲料加工量15万吨，预计年产值达5亿元，直接带动当地劳动就业100人；通辽市签约项目9个，总投资金额10.65亿元。涉及精深加工项目生物酶制剂生产线、叔丁醇钠产品生产线、鲜食玉米生产线、速冻库、恒温线等设备的建设，项目正式投产后，预计年产值将增加48.5亿元。

### 2. 存在问题

**(1) 种植方面**

a. 玉米单产偏低。目前我区玉米仍以小户分散种植为主，规模化经营面积仅为40%，技术到位率低，标准化水平不高，精准管理不到位，造成种植密度普遍不高，提升空间巨大。据测算，玉米种植密度还可提高1 000株/亩，亩产可增加200斤左右。

b. 收获储存方式落后。目前我区籽粒直收比例不足6%，玉米收储仍以机械穗收、人工码垛晾晒存放为主，储存过程中籽粒易发生霉变，造成品质下降，损耗增加。籽粒直收后立即烘干储存可有效解决上述问题，但因收储运销一体化体系不完善，存在农民缺少烘干设备，收储和加工企业烘干设备闲置的现象。

**(2) 产业结构**

a. 精深加工仍以原粮饲料为主，色氨酸、精氨酸、黄原胶、季戊四醇等高附加值产品还较少，对地方经济贡献还有提升空间。

b. 饲料企业加工规模小，市场占有率低。全区共有408家饲料加工企业，自治区级龙头企业25家，仅占6%，3家企业加工能力超10万吨，占0.7%，388家企业年加工能力不足1万吨，占95%，整体上规模偏小、实力不强，产能水平不高。

c. 鲜食玉米处于起步期，资金支持少。近年我区鲜食玉米产业发展迅速，新建企业占比达到2/3以上，加工企业仍以点状分布，尚未形成加工集群。加工能力1万吨以上仅1家，整体规模偏小。梳理发现，重点项目库中支持速冻玉米加工的在建项目总资金约5.13亿元，仅占总投资6.4%，支持力度小。

**(3) 原粮销售** 我区籽粒玉米品质好，"通辽黄玉米"区域共用品牌已经获得原产地标记注册认证，但对品牌的利用率却不高，品牌营销缺乏系统性、长期性，溢价能力低，玉米加工食品、饲料未能体现优质原料价值；鲜食玉米还没有地理标志品牌和区域公用品牌，企业品牌影响力低，品牌的市场认知度和占有率不高。

### 3. 下一步发展方向及举措

总体思路：按照首尾相连、上下衔接、贯通成线思路，通过贯通产加销，打造专精特新，重点建设一个基地，完善3个链条，即通过增加种植密度，提升规模化种植水平，不断提高单产，建设好国家重要的玉米生产基地；通过做精做细深加工，做大做强饲料加工，做优做响鲜食玉米，完善3个链条，将"黄玉米"建成"黄金链"。

2024年目标：全区玉米面积稳定在6 300万亩左右，鼓励乌兰察布市、巴彦淖尔市和赤峰市等适宜地区围绕企业需求因地制宜扩大鲜食玉米种植面积，力争突破60万亩，单产力争稳定在1 000斤/亩，集中力量建设通辽市玉米整建制单产提升，力争全产业链产值达到1 600亿元以上，较2023年增加6.6%。力争到2025年玉米种植面积稳定在6 000万亩以上，单产突破1 040斤/亩，总产650亿斤左右，全产业链产值达到1 700亿元左右，其中加工增值160亿元以上，带动农民人均增收350元左右，玉米加工转化率提高到60%，新增8家自治区级龙头企业，实现做精做强。

**(1) 实施单产提升工程** 整合现有资金，建设高产示范区，重点推广玉米密植高产精准调控技术模式，抓好水肥一体化、合理增密、化学调控等关键增产环节，示范区亩均密度达到6 000株，单产提高400斤/亩以上。通过项目引领、典型带动、整建制推进，实现大面积均衡增产,力争到2025年单产达到1 040斤/亩以上。

**(2) 支持企业自主育种攻关**　利用自治区种业振兴资金并整合现有资金,支持企业开展自主育种攻关,选育2个以上适宜我区的早熟、抗逆、节水、耐密、抗倒、高产的突破性自主新品种。完善赤峰市松山区和翁牛特旗玉米制种大县的配套服务政策,提升制种能力,强化服务保障,吸引优势企业进驻我区制种,扩大制种基地面积。力争2025年新增制种面积2.8万亩,达到20万亩以上,新培育1家种业头部企业。

**(3) 大力推进社会化服务**　利用农业社会化服务资金,扩大社会化服务覆盖范围,年新增服务面积100万亩以上,主攻生产薄弱环节,着力解决土地细碎化难题,提升可持续发展能力和规模化生产水平。开展社会化服务集中连片示范行动,遴选重点村、乡镇、旗县,整区域推进农业社会化服务,率先实现农村剩余劳动力"分工分业"和"就近就地就业创业",拓宽农户增收渠道。力争到2025年社会化服务面积新增700万亩。

**(4) 完善收储运销一体化体系**　补贴社会化服务组织、收储企业等开展籽粒直收,引导新增籽粒直收。探索粮食银行,鼓励玉米主产旗县种植大户率先与粮食收储企业对接合作,开展籽粒直收、定级、烘干、储存、适期销售服务,盘活现有烘干仓储设施;探索建立"种植大户+收储企业+加工企业+终端销售"的收储运销一体化体系,实现优品优价,提质增收。力争到2025年籽粒直收达到600万亩。

**(5) 重点培育区内精深加工领军企业**　目前全区精深加工企业主要集中在东部区域,呼伦贝尔市现有玉米加工龙头企业7家,规模较大的有东北阜丰生物科技有限公司、齐鲁制药呼伦贝尔分公司,加工产品主要为味精、氨基酸和药品;赤峰市市级以上玉米深加工龙头企业共19家,其中规模最大的是赤峰瑞阳化工有限公司,以生产食用酒精为主;通辽市玉米生物(医药)产业链结构清晰,逐步形成以淀粉为基础的土霉素—多西环素、利福霉素—利福平、山梨醇—维生素C、抗生素—头孢、淀粉—氨基酸重点产业链。

以东三盟市为重点构建玉米深加工产业集群,提高就地加工转化率,针对性给予政策支持,综合运用贴息、奖补手段及税收减免等政策,鼓励本土企业向产业链中高端延伸。各地因地制宜支持、鼓励煤矿企业与玉米深加工企业积极协商,通过签订3~5年或更长周期的煤炭购销合同,建立互惠互利、长期稳定的合作关系。

2024年完工的玉米产业链重点项目2个,总投资0.71亿元,项目建成后,可实现地块智能化管理,新增5万吨玉米压片生产线。精深加工链条产值力争较2023年增加45亿元。

**(6) 做大饲料加工企业**　目前规模较大的饲料加工企业均在呼和浩特市,内蒙古正大有限公司为内蒙古地区提供各类畜禽饲料近400万吨,2023年预计产值可达到14.3亿元。

饲料加工受服务半径限制,且与牛羊市场息息相关,适度发展饲料加工,鼓励兼并重组,在社会需求量稳定的情况下,提高标准化生产水平以及议价能力。引导企业建立稳定的原料供应链,与农业和畜牧业建立长期合作关系,提前规划和预测原料需求,确保供应的稳定性,计划对我区当年实际加工反刍饲料总量超过20万吨的企业,在上年度实际总加工量的基础上,每新增1万吨,补贴100万元。同时,鼓励企业加大对技术研发和创新的投入,引进和消化吸收国内外先进的饲料生产技术,提高生产效率和产品质量。

2024 年完工的重点项目 2 个，总投资 1.43 亿元，项目建成后，可新增反刍动物饲料产能 138 万吨。饲料加工链条产值力争较 2023 年增加 4 亿元。

**（7）打造鲜食玉米优势区** 充分发挥我区生态类型多样、生产环境适宜、交通运输便利的资源和区位优势，根据生产条件和加工产业布局，打造东、中、西三大鲜食玉米优势区，即以赤峰市为重点的东部甜糯玉米区、以乌兰察布市为重点的中部甜玉米区、以巴彦淖尔市为重点的西部甜糯玉米区，突出区域特点，形成差异化产品格局，提升市场占有率。加强品种筛选，提高品种优质率。

以鲜食玉米市场需求为导向，培育推广适宜鲜食和加工的专用玉米品种；通过看禾选种平台建设，以赤峰市、乌兰察布市和巴彦淖尔市为重点，开展优质鲜食玉米品种筛选和示范推广，2024 年东中西分别筛选出适宜当地种植的优质鲜食玉米品种各 2 个。鼓励鲜食玉米加工企业积极参与盟市级以上农牧业产业化重点龙头企业申报，力争 2024 年新增认定盟市级以上鲜食玉米加工企业 3 家。

2024 年完工的重点项目 1 个，总投资 1 500 万元，项目建成后，可新增 1 000 万穗低温冷藏库，日产鲜食玉米量可达到 20 万穗。鲜食玉米链条产值力争较 2023 年增加 1 亿元。

**（8）销售品牌方面** 持续推进"蒙"字标认证。组织申报企业参加"蒙"字标团体标准宣贯培训。按照"成熟一个，申报一个，认证一个"的工作思路，对符合条件的申报企业进行认证。对现有玉米团体标准评价、互审、修订完善。研究玉米全产业链，研制玉米精加工产品团体标准。加大品牌培训力度和质量提升咨询。强化宣传推广，继续推进与区外品牌的互信和合作。探索"蒙"字标线上线下一体化综合营销服务。

# 四、重点盟市玉米产业发展报告

## （一）呼伦贝尔市玉米产业发展报告

### 1. 产业发展现状

#### （1）种植方面

①面积、产量及单产 2023 年呼伦贝尔市玉米种植面积 723.19 万亩，较 2022 年增加 9.4 万亩；产量 71.32 亿斤，较 2022 年增加 2.12 亿斤；平均亩产 986.17 斤，较 2022 年增加 16.71 斤。主要分布在大兴安岭南麓的扎兰屯市、莫力达瓦达斡尔族自治旗、阿荣旗、鄂伦春自治旗，其他旗市区均有少量分布。

②主栽品种 呼伦贝尔市主要选择品质好、产量高、抗逆性强、宜机收、适应本地生育期的品种，积温在 2 300℃以上的地区，主栽品种选用先达 205、富单 12、罕玉 5 等；积温在 2 100～2 300℃的地区，主栽品种选用德美亚 3、先达 203、并单 16、利合 228、大德 216 等；积温在 1 900～2 100℃的地区，主栽品种选用德美亚 1、德美亚 2、A6565、法尔利 1010、隆平 702 等。

③主推技术 呼伦贝尔市主要推广玉米密植精准调控技术、玉米大垄双行等栽培技术模式。玉米密植精准调控技术较常规种植密度增加 500 株以上。玉米大垄双行技术，比 65 厘米小垄栽培增产 10％以上。

**（2）制育种方面**　呼伦贝尔市现有玉米育种企业 2 家，2023 年获得生产经营许可，分别为莫力达瓦达斡尔族自治旗登科种业有限责任公司、内蒙古鑫沐禾种业有限公司。

**（3）加工方面**　全市共有东北阜丰、百业成酒精等 9 家龙头企业，年加工能力 227 万吨，2022 年实际加工 181 万吨，销售收入 106 亿元。全产业链产值 120 亿元，2023 年全产业链产值预计达到 130 亿元。其中规模较大的有东北阜丰生物科技有限公司、齐鲁制药呼伦贝尔分公司等。加工产品主要有谷氨酸、谷氨酸钠、苏氨酸、多杀霉素、阿维菌素、酒精等。呼伦贝尔东北阜丰生物科技有限公司位于呼伦贝尔岭东工业开发区，是阜丰集团投资建设的大型氨基酸及其衍生制品生产和研发基地，有 600 万亩玉米得到就地加工增值，极大地带动了农牧业产业结构调整和农民增收，拥有谷氨酸、谷氨酸钠、淀粉、淀粉糖、苏氨酸、复混肥等多个分厂，当地玉米种植率由企业入驻前的不足 20%，提高到目前的 70%。阿荣旗齐鲁制药一期已建成多杀霉素、阿维菌素、泰妙菌素、硫酸新霉素 4 条生产线，可消纳玉米 70 万吨、大豆 30 万吨，是全球最大综合型绿色生物农业生产基地，全部产品列入国家战略性新兴产业名录。

**2. 主要工作举措**

一是加快高标准农田建设速度，不断巩固和提升农业综合生产能力，为保障国家粮食安全和农业可持续发展提供强有力的支撑。大力推行米、豆轮作，保持和稳定玉米种植面积，通过秸秆还田减少化肥、农药施用量。

二是积极争取上级支持农牧业产业化龙头企业发展项目和资金，扶持龙头企业做大做强。

三是大力发展农畜产品加工业，鼓励农畜产品加工龙头企业合理发展农畜产品精深加工，延长产业链条，提高产品附加值，鼓励龙头企业引进先进适用的生产加工设备，改造升级贮藏、保鲜、烘干、清选分级、包装等设施装备。

四是引进先正达集团、山东水发集团等种业企业和规模化种植企业，积极推广优质品种，建设标准化、规模化种植基地。

五是引进山东济南圣泉等高新技术企业，通过秸秆精炼一体化绿色技术，从秸秆中提炼出纤维素等附加值高的化工原材料。

**3. 存在问题**

**（1）玉米扩种空间有限**　随着企业产品和市场的进一步扩张，还有较大的就地加工空间和潜力，但当前玉米扩种空间有限，全市玉米面积已由 2021 年的 983.7 万亩调减至 2023 年的 723.19 万亩，2023 年产量 71.32 亿斤，难以满足当前企业的加工需求。

**（2）玉米秸秆加工利用亟需提档升级**　当前呼伦贝尔市玉米秸秆"五化"综合利用项目主要集中在秸秆还田肥料化、"过腹还田"饲料化和生物质发电燃料化 3 个方面，缺乏如山东济南圣泉秸秆精炼一体化绿色技术等高新技术企业的强力带动，无法从秸秆中提炼出纤维素等附加值高的化工原材料，没有实现玉米秸秆的高附加值利用。

**4. 下一步发展方向及举措**

2024 年呼伦贝尔市将深入实施玉米产业链延链补链强链行动，持续推进"阜丰三期"年产 50 万吨氨基酸及其配套项目。项目建成达产后，东北阜丰公司玉米精深加工生产能力将达到 350 万吨，工业总产值将突破 150 亿元，出口创汇 6 亿美元，创造直接就业岗位近万个。届时，阜丰东北公司将成为全球最大的玉米精深加工和氨基酸生产基地。

**5. 未来发展需求**

当前玉米产业的核心问题是在不与大豆争地的情况下，努力提高单产，保证龙头企业加工量。目前总体来说呼伦贝尔市玉米产业发展情况较好，产业链全、覆盖面广，加工年需求量已超全市玉米产量，未来将提高玉米种植面积来满足玉米加工企业的需求。

## （二）通辽市玉米产业发展报告

### 1. 2023 年全市玉米产业链发展情况

**（1）取得的成效、达到的规模**

①生产端　在综合生产能力方面，据 2023 年统计数据，通辽市玉米种植面积 1 749.05 万亩，产量 181.89 亿斤，分别占全市粮食面积和产量的 92.4% 和 96.2%。全市玉米单产 1 039 斤/亩，按照玉米价格 1.2 元/斤（标准水分 14%）、秸秆单价 80 元/亩计算，生产端产值约为 232.26 亿元。

②加工端　近年来，通辽市依托资源优势，以科尔沁工业园区和开鲁县工业园区为代表的玉米生物科技产业集群发展较快，优势明显，规模以上玉米生物科技企业达 23 家。其中，梅花生物、昶辉生物、德胜生物、德瑞玉米 4 家企业被评为国家高新技术企业；梅花生物被评为国家级企业技术中心；玉王生物工程研究开发中心、圣达微生物发酵研发中心、昶辉生物植物功能成分提取研究开发中心 3 家中心被评为自治区级企业研发中心；昶辉生物被评为国家级"专精特新""小巨人"企业；汉恩生物、玉王生物 2 家企业入选自治区级"专精特新"中小企业；开鲁县玉米生物产业集群被认定为自治区级中小特色产业集群。现已形成淀粉、味精、氨基酸、酒精等 13 大类、200 多个品种的加工生产线，具备 77 万吨淀粉、50 万吨味精、26 万吨氨基酸、35 万吨酒精、5 000 吨黄原胶、1.35 万吨土霉素碱、6 万吨糠醛、30 万吨胚芽油等玉米生物科技产品的生产能力。

③收储端　通辽市粮食收购企业备案数 229 家，其中，国有企业 28 家，民营企业 201 家。根据直报系统数据，通辽市粮油收储企业共计 276 家，粮油收储企业标准仓房仓容为 4 590 473.5 吨，简易仓容为 9 475 422.9 吨，储粮罩棚为 1 069 170.1 吨，共计 15 135 066.5 吨。

④2023 年全市玉米产业链招商引资情况　年初以来，全市共签约玉米产业链项目 18 个，签约额 25.85 亿元，重点有浙江君业年产 500 吨硫辛酸、10 000 吨塔格糖项目，世洋制药年产 2 100 吨原料药项目，中晖二期产 4 000 吨土霉素碱项目等。其中，中晖二期产 4 000 吨土霉素碱项目、世洋制药年产 2 100 吨原料药项目等 7 个项目已开工建设。

**（2）产业政策举措**

①生产端

A. 主要粮油作物单产提升工程。2023 年通辽市的玉米单产提升工程、优质高效增粮、绿色高产高效、玉米主产区地力提升、化肥减量增效等项目，重点支持主要粮油作物单产提升，统筹资金约 1.6 亿元；市级投入资金 270 万元，开展玉米密植高产示范区绿色防控；开鲁县财政投入资金 360 万元，建设中国农业科学院玉米密植高产高效全程机械化绿色生产六级联创科技创新示范基地；科尔沁左翼中旗投入 200 万元助力玉米单产提升工程。在政策资金的带动和影响下，全市落实玉米密植滴灌高产技术示范面积 116.4 万亩，其中，科尔沁左翼中旗玉米单产提升工程落实 20 万亩，涉及 4 个镇 89 个村；绿色高产高效项目落实 30 个万亩片、114 个千亩方和 100 个百亩田，共落实 41.4 万亩，涉及 69 个苏木镇场 140 个村；玉米主产区地力提升项目落实 55 万亩，涉及 8 个旗县区 37 个苏木镇场 116 个村（经营主体）。

B. 大力推广玉米密植滴灌技术模式。采取"5 个统一，7 个精准，7 个提高"的措施。5 个统一，即统一组织推进、统一政策扶持、统一技术模式、统一示范展示、统一推广服务。7 个精准，即精准选种、精准整地、精准播种、精准防控、精准化控、精准水肥管理、精准收获。7 个提高，即提高水分生产率、肥料利用率、亩保苗率、收获减损率、土地利用率、亩产出率及规模化、标准化经营水平。

②加工端 一是强化规划目标引领。在已出台《通辽市"十四五"玉米生物科技（医药）产业发展规划》、《通辽市玉米生物（医药）产业行动计划（2022—2025 年）》的基础上，制定印发《通辽市科尔沁区工业园区产业发展规划（2023—2035 年）》、《开鲁生物医药开发区产业发展规划（2023—2030 年）》，明确围绕打造世界级小品种氨基酸生产基地和全国原料药生产基地的目标，走玉米精深加工发展之路，不断提高产品附加值，推动产业链向食品药品级高端终端延伸。二是启动实施工业倍增。锚定再造一个"通辽工业"发展目标，重点打造玉米生物医药产业链。以科尔沁区为重点发展食品级高端终端产品，主攻小品种氨基酸研发生产，加快推进味精、核苷酸、德胜 D-核糖项目、德胜治疗帕金森病药物中间体等项目建设力度，力争再造一个"通辽梅花"，成功打造世界级氨基酸生产基地。以开鲁县为重点培育药品级产业集群，主攻原料药和成品药研发生产，建设全国原料药和医药中间体生产基地，重点发展原料药及其中间体、药物制剂、化学合成新材料、功能性氨基酸等产品。促进久鹏制药、华欣药业等项目建成投产，到 2026 年产值实现新突破。

③针对农业产品特点出台金融产品情况 2023 年银行业金融机构针对农业特点共推出 10 款金融产品（其中大型银行、城商银行为总行推出），为广大涉农经营主体提供更优金融服务。具体情况为：a. 库伦旗农商行针对旗内个体工商户和小微企业主，采取富民卡形式发放循环贷款。b. 开鲁县农商行推出"新型农牧贷"产品，支持新型农牧业经营主体规模化经营。c. 科尔沁左翼中旗联社推出"粮食质押监管贷款"，对客户存粮进行监管质押放款。d. 奈曼旗农合行推出"兴农贷"产品，为农资经营者提供金融服务。e. 开鲁蒙银村镇银行推出"惠农贷"，为从事玉米种植和玉米收购的小微企业提供金融支持。f. 中国农业银行新推出两款金融产品，"农商 e 贷"面向粮食及农产品收购、加工、仓储、农机具经销等农业生产资料经销类个体工商户、小微企业主等，提供最高 300 万元授信额度。"续 e 贷"面向个体工商户、私营企业主、农村个体工商户、农村私营企业主、家庭农场等，主要用于农户贷款到期，生产经营情况良好，但暂无还款资金的客户进行续贷。g. 中国银行推出"惠农贷"，借助互联网与大数据技术，向涉农小微企业、农民专业合作社、家庭农场等发放信用贷款，最高授信额度 300 万元。h. 中国建设银行推出"玉米收储贷"，重点与农牧业产业化重点企业开展合作，基于粮食收储企业与核心企业签订的玉米代收代储收购合同，采用动产质押担保的方式，运用押品监管、资金监管等风控措施，

为符合准入条件的粮食收储企业发放经营周转类流动资金贷款产品。i. 蒙商银行推出"惠农 e 贷",为长期居住在乡镇或城关镇所辖行政村内,以种植、养殖为主要收入来源,保留承包地的住户或国有农林场的职工发放用于生产经营的信贷产品。

**2. 2024 年玉米产业链谋划布局**

**(1) 生产端** 从当前情况看,密植滴灌是玉米单产提升最重要、最有效的手段。就通辽市当前的种植条件,如果相关配套技术应用到位,密植滴灌每亩种植密度还可以增加 10%～20%,亩产量可提高 150～300 斤。特别是在奈曼旗、科尔沁左翼后旗、库伦旗、扎鲁特旗密植滴灌的效果将会更加明显。同时,密植滴灌是一个系统工程,需要农田井电管带工程、耕地、种子、农机、农艺、农资、管理水平、生产者素质同步提升,才能实现单产持续提升。需要久久为功,持续见效。今后发展思路是持续推进密植滴灌,建设千万亩玉米种植核心区。主要的工作措施:一是集成推广密植增产技术模式。加强与国内科研推广团队的合作,推广玉米密植高产技术模式。大力推广玉米三大技术模式、十项关键技术,浅埋滴灌区重点推广"耐密宜粒收品种＋密植栽培＋水肥一体化＋绿色防控＋机械粒收"、管灌区"耐密种植＋水肥精准施用＋绿色防控＋机械粒收"、旱作区"免耕播种＋秸秆覆盖还田＋缓控释肥",配套地力培肥、秸秆还田、优质品种、合理密植、精量播种、滴水出苗、化学调控、水肥一体、病虫害绿色防控、机械粒收 10 项关键技术,逐步扩大技术应用规模。二是遴选推荐优质品种。结合看禾选种平台建设,开展优质、高产、耐密、抗逆、宜机收品种研发、引进和鉴选,根据不同光热资源、土壤类型、灌溉方式,遴选推荐生育期适中、适合耐密种植、籽粒直收、机械穗收等不同类型的玉米主导品种,引导农民科学选种用种。市级每年鉴选推介 10～15 个优良品种。三是开展科技试验示范。坚持"做给农民看,带着农民干",争取每个乡镇都要建设玉米密植高产试验示范百亩田、千亩方,具备条件的建设万亩片。农牧部门和乡镇要组织实地培训、现场观摩等活动,制作发布技术视频等,让农民看了就懂、学了就会、会了就用。四是开展玉米高产竞赛活动。在全市范围内继续开展玉米高产竞赛活动,以百亩田、千亩方、万亩片为参赛单位。根据亩产排序情况设一、二、三等奖,对获奖农户(经营主体),以及获奖农户(经营主体)所在的旗县、乡镇和技术指导团队进行表彰奖励,调动农户(经营主体)应用新技术、县镇两级政府推广新技术的积极性,营造广大种植户学技术、用技术,比产量、比效益的良好氛围。各旗县同步开展高产竞赛活动,推荐优质种植户参与全市高产竞赛活动。

**(2) 加工端** 按照《通辽市玉米生物(医药)产业行动计划(2022—2025 年)》明确糖(葡萄糖、麦芽糖、多糖)、酸(氨基酸)、药(原料药、中间体、制剂)、醇(乙醇)四大发展方向,围绕打造世界级小品种氨基酸生产基地和全国原料药生产基地的目标,实施重点产业项目 10 个,年度投资 10 亿元左右。

**(3) 2024 年金融保险支持玉米产业链发展计划** 2024 年辖内保险公司将在大力保证传统业务稳定发展的同时,持续探索开展农险补充型产品。一是加快政策性旱地、水地玉米完全成本保险扩面,保持各旗县农险支持玉米产业链保险保额稳步增加,实现产粮大县玉米作物保险全覆盖。二是创新开办玉米价格指数保险,利用"玉米＋期货"模式,与完全成本保险形成灾害和价格双重保障,构建多层次、广覆盖的农业产业风险保障体系。三是有序开展玉米商业补充保险,积极探索"高标准农田建设工程质量潜在缺陷责任保险＋收入保险"，将持续发挥保险力量，为粮食和重要农产品稳定安全供给上一把"安全锁"，助力现代农业提质增效和乡村振兴发展。四是推动尝试土地规模化经营收入保险，形成价格双保障，为经营主体的实际收入提供更高水平的风险保障。同时，将构建保险惠农政策宣传机制，加大保险惠农政策宣传力度，延伸服务触角，提高农牧民对农业保险政策的了解和认识，进一步稳步提升农业保险覆盖面和渗透度。

**（4）2024 年玉米产业链相关招商引资计划**　继续围绕做大做强玉米生物医药产业，瞄准京津冀、长三角等重点区域，研究产业转移趋势，了解企业战略布局，摸清投资意向，选准目标企业，积极引进一批建链、补链、延链、强链的重点项目，推动产业链条向下游延伸，争取低能耗高附加值项目落地；在各地举办推介会、签约会、座谈会等形式大力宣传通辽市玉米产业链；同时发挥玉王、石药、开药等龙头企业带动作用，开展以商招商，大力招引产业链头部企业来通辽投资兴业。

**3. 存在的问题**

**（1）土壤方面**　一是土壤耕层过浅。由于长期耕作方式不合理，造成了通辽市玉米田土壤耕层平均约 15 厘米，远低于 22 厘米的基本要求，影响玉米根系的生长发育，降低了玉米植株的抗倒伏能力和对自然降雨与补灌的储存能力，增加了补灌次数和地下水的开采量。二是土壤有机质含量低。由于多年来农民对农田培肥不足，造成地力衰退严重，据调查，2020 年全市土壤有机质平均含量 15.2 克/千克，较全区农田耕层土壤有机质平均含量低 7.3 克/千克，较全国农田耕层土壤有机质平均含量低 9.5 克/千克。三是土壤板结较为严重。由于土壤有机质少、秸秆还田少、土壤耕层浅、施肥结构不合理等原因，造成土壤坚实板结，蓄水保肥能力较弱。

**（2）玉米品种方面**　玉米品种相对多、乱、杂，全市玉米备案品种 900 多个。面对诸多的品种，选种时多数农民对玉米产量关注较高，对玉米品种的适宜区域、生育期、抗性、适宜密度、配套技术（栽培要点）等信息关注较少，导致越区种植、病害发生重、密度不合理、水肥管理不当、田间管理偏差等现象发生，没有充分发挥品种优势和当地光热资源优势，达不到产量目标。特别是 2021 年秋季多雨、2022 年早霜，导致部分地块玉米收获时未达到完熟，在不同程度上影响了"通辽黄玉米"的品质。

**（3）玉米种植密度方面**　玉米种植密度和出苗率尚未达到合理密植的标准。根据近年来的调查结果，全市无膜浅埋滴灌技术区收获密度 4 300～4 500 株/亩，农户常规种植地块平均收获密度 3 500～4 000 株/亩，山沙两区在正常年份平均收获密度 3 000～3 200 株/亩。根据各地区农田地力条件、种植品种、水肥投入水平以及种植技术模式分析，如果相关配套技术应用到位，每亩种植密度可以增加 10%～20%，亩产量可提高 150～300 斤。

## （三）赤峰市玉米产业发展报告

**1. 产业发展现状**

**（1）种植方面**　2023 年赤峰市玉米种植面积 1 000 万亩，较 2022 年增加 40 万亩，增幅 4.1%，产量 100 亿斤，亩均单产 1 004 斤，其中种植青贮 125.32 万亩、鲜食玉米 12.4 万亩，产值可达到 145 亿元；主要推广玉米密植高产精准调控、大豆玉米带状复合种植、水肥一体化、全程机械化等技术；重点开展玉米单产提升工作，推广成熟的滴灌密植高产水肥一体化技术，亩保苗 6 000 株以上。赤峰市玉米密植高产精准调控技术示范区落实 40.48 万亩，带动全市玉米吨粮田 87 万亩左右。2023 年新增玉米籽粒联合收获机 2 台，新增作业面积 0.2 万亩。

**（2）加工企业情况** 2023 年赤峰市主要玉米加工企业共 67 家，企业的设备年加工能力 511.12 万吨，分布在元宝山区、宁城县、巴林右旗、巴林左旗、松山区等 10 个旗县区。2023 年新认定市级玉米加工龙头企业共 5 家，实际加工量 168.31 万吨，主要产品产量共 85.73 万吨，产值达到 75.79 亿元，与 2022 年同期相比增长了 8.55％。一是精深加工。精深加工企业共 20 家，主要是生产氨基酸、酒精、白酒等，销售收入 53.4 亿元。二是饲料加工。饲料加工企业共 35 家，主要是生产配合饲料、浓缩料等，销售收入 16.1 亿元。三是鲜食玉米加工。涉及企业 12 家，主要是即食甜玉米、玉米罐头、玉米碴等，销售收入 2.45 亿元。

**（3）制育种方面** 赤峰市玉米制育种企业共 24 家，分布在元宝山区、宁城县、巴林左旗、松山区等 11 个旗县区，其中玉米制育种销售收入在 500 万元及以上规模的企业共 9 家。

**（4）项目建设情况** 2023 年计划建成玉米产业链重点项目 5 个，总投资 1.89 亿元，已完工项目 3 个，在建项目 2 个，预计 2024 年 10 月完工，主要集中在林西县和元宝山区。资金来源分别为国家、政府项目资金支持、招商引资、企业自筹。其中，林西县官地镇玉米烘干建设项目已完工，建成日后烘干 600 吨。林西县蒸汽压片玉米及牛羊饲料加工建设项目已完工，年生产玉米压片 50 000 吨，牛羊饲料 100 000 吨，年产值 4 亿元。元宝山区 10 万吨饲草料生产配送中心已完工，完成生产车间建设，购置生产设备、配送车辆等。

**2. 主要工作举措**

一是强化组织领导，压实粮食安全任务。在市委农村牧区工作会议、全市农牧局长工作会议和市政府工作报告中对粮食生产任务作出部署。以农村牧区工作领导小组名义印发《关于印发 2023 年各旗县区粮食和油料生产目标的通知》，将粮食生产任务下达到各旗县区政府，进一步层层压实责任、传导压力。同时，赤峰市农牧局印发了《2023 年赤峰市"三农三牧"重点工作的通知》、《关于印发〈赤峰市 2023 年稳定大豆油料生产工作方案〉的通知》，将粮食生产任务进行具体分解，并列为对旗县区督考联动考核内容，分季度开展督查考核，推动旗县区任务落实。

二是强化良田建设，切实落实藏粮于地。一要高标准农田建设成效显著。以市政府名义出台《关于进一步全面提升高标准农田建设水平的意见》，树立了高标准农田建设规范。赤峰市开工建设以滴灌等高效节水措施为主的水地高标准农田和以水平梯田为主的旱作高标准农田各 37 万亩，预计年底全面完工。二要耕地保护技术应用广泛。以玉米、大豆、杂粮等粮食作物为重点，实施保护性耕作面积 72.4 万亩、耕地深松面积 183 万亩，超额完成任务 0.4 万亩和 35.6 万亩，建设保护性耕作高标准应用基地 29 处、长期监测点 4 处。三要绿色生产推进有力。以"四控"为导向，深入推进化肥农药减量增效，全面推进农业生产方式转变，做到控药减害。完成专业化统防统治面积 1 027.9 万亩，落实绿色防控面积 683.6 万亩，测土配方施肥推广面积 1 971.2 万亩，发布或更新肥料配方 68 个，推广"三新"技术 29 万亩，推广大豆根瘤菌剂面积 20 万亩。

三是强化良种培育，扎实推进种业振兴。一要加强良种繁育基地建设。赤峰市已落实农作物制繁种面积 22.1 万亩，其中玉米 17.3 万亩。二要加强优良品种培育。2023 年，通过自治区审定主要农作物品种 27 个，其中玉米品种 26 个，为农民因地制宜开展农业生产提供了更多选择。三要加强"看禾选种"平台建设。建设"看禾选种"平台 9 个，其中玉米品种平台 6 个。集中展示作物品种 366 个，播种面积 950 亩以上，组织开展"看禾选种"观摩月活动，全市集中观摩 22 次，已完成"看禾选种"观摩 1 500 余人次。

四是强化良法推广，稳步实现藏粮于技。一要积极抗旱保春播。2023 年以来，赤峰市全市范围内经历了时间久、面积广的严重干旱，最大受旱面积达到 1 134.4 万亩。为充分应对灾情，力争将损失降到最低，各级农牧部门印发了《2023 年防灾减灾工作方案》、《抗旱保春播指导意见》，通过公众号发布了抗旱教学视频，并利用村公示栏、村广播等方式大力宣传节水抗旱技术，切实将抗旱、保苗、抢播工作落实到位。同时，赤峰市农牧局组成 12 支抗旱冲锋队分赴旗县区，配合指导农民抗旱自救。二要典型示范促提升。以新一轮千亿斤粮食产能提升行动为引导，以优质高效增粮示范行动和绿色高质高效行动项目园区为典型，以玉米绿色优质节水密植栽培技术模式、无膜玉米浅埋滴灌水肥一体化、谷子轻简化栽培、大垄高台无膜浅埋滴灌水肥一体化等 14 项技术模式为依托，总结形成 4 种单产提升典型模式，深挖单产潜力，实现产能提升。三要"一喷多促"稳丰收。严格按照自治区安排部署，积极开展"一喷多促"工作保证秋粮稳产增产，切实发挥促成熟、提单产作用。

五是强化良机应用，有效提升机械化水平。一要强补贴引导。落实 7 086 万元农机购置与应用补贴，重点补贴播种机 896 台、联合收获机 1 534 台。二要促装备升级。新增 1 764 台拖拉机安装北斗导航系统，完成精准播种 1 500 万余亩。三要减机收损失。指导农民购买先进适用机械，开展粮食机收减损技术培训，共培训 1 441 人次。农作物耕种收全程机械化率预计达到 85%，超出国家平均水平 10 个百分点以上。

### 3. 存在问题

**（1）种植方面** 赤峰市是典型的旱作农业区，农业的生产形势或丰收很大程度上取决于靠天帮忙。2023 年赤峰市经历了时间长、范围广的旱情，虽然 7 月初以后的连续降雨使旱情得到了有效缓解，但是前期旱情造成的农作物无法出苗、缺苗断垄等情况已经形成了不可逆的影响。据统计，2023 年赤峰市粮食作物平均单产为 761.64 斤/亩，较 2022 年降低 9.26 斤/亩，推动单产提升工作仍需加强。

**（2）产业结构** 近年来，赤峰市虽然在制种基地进行了机械化作业示范，种子生产、机播、机防等环节初步实现了机械化，但在玉米制种去雄、单粒点播、机收环节尚未实现大的突破，制约了赤峰市种子产业效益的进一步提升。结合制种基地集中以及田间道路、灌溉系统的实际，需要加大资金投入，支持企业和社会化服务组织购置适宜赤峰市制种基地玉米制种去雄、单粒点播、机收等环节的机械，有效推进国家级、自治区级玉米制种基地全程机械化进程。

### 4. 下一步发展方向及举措

今后，赤峰市将继续深入贯彻落实习近平总书记重要指示批示精神，对照内蒙古自治区关于建设国家重要农产品生产基地的要求，推动玉米产业发展相关工作落实。

一是加强组织推动和部门协作。以链式思维关注产业发展,着力在延链、强链、补链上下功夫、谋项目,建立工作机制,强化保障措施,确保玉米产业链各项建设任务整体推进、全面落实。

二是努力争取提高玉米单产。2024年工作谋划部署按照"集中园区式推进、连片整域式打造、带状结构式聚集、产业集群式整合"的思路,争取项目资金支持,重点围绕推技术、提单产,因地制宜集成示范推广密植高产精准调控水肥一体化、无膜浅埋滴灌水肥一体化等高产高效栽培技术模式,打牢玉米中长期单产提升基础,为推动赤峰市粮食安全工作增添助力。

三是做好宣传推广工作。切实发挥项目示范引领作用,挖掘任务实施中的有效做法和成功经验,总结典型技术模式进行复制推广,努力将粮油作物单产提升技术大范围普及,进一步完善粮油单产提升技术体系,营造玉米产业高质量发展技术的大面积采用。目前存在的问题是:水方面,缺乏水分总量控制和生育期内优化分配管理的标准,灌溉较为盲目,浪费水资源的同时也没有起到好的增产效果。肥方面,氮肥用量普遍偏高,钾肥用量不足,同时也不重视有机肥和微量元素肥料,比如锌肥的施用,在肥料分配上没有充分考虑玉米对养分的需求规律,对于生育后期的追肥不够重视,导致肥效得不到充分发挥。

## (四)鄂尔多斯市玉米产业发展报告

2023年鄂尔多斯市大力实施"一产重塑"计划,以建设国家重要农畜产品加工基地为依托,积极打造"粮食百亿级产业",推进玉米产业全产业链发展。

### 1. 产业发展现状

**(1)种植方面** 2023年鄂尔多斯市玉米种植面积443.7万亩,较2022年增加10.2万亩;产量40.7亿斤,较2022年增加1.2亿斤。主要采用玉米密植高产精准调控、大豆玉米带状复合种植、水肥一体化等技术,通过整建制推进建设玉米单产提升示范旗,进一步形成玉米产地规模效应,提升玉米产量。2023年鄂尔多斯市共计实施全过程社会化服务面积131.08万亩,新增玉米籽粒联合收获机4台,新增作业面积2.2万亩。

**(2)制育种方面** 2023年鄂尔多斯玉米制种面积2.99万亩,制种企业16家,其中市内4家,市外12家。市内种子生产企业玉米制种面积为1.98万亩。2023年鄂尔多斯市范围内落实自治区级、市级农作物"看禾选种"平台、蔬菜品种展示示范点等平台,开展优良品种引进、筛选、示范工作,建设了4个自治区级、3个市级"看禾选种"平台,展示作物主要为玉米、向日葵、杂粮杂豆等,示范、展示品种134个,种植面积540亩。

**(3)加工方面** 鄂尔多斯市共有规模以上玉米精深加工企业22家,主要加工产品涉及黄原胶、阿维菌素、鲜食玉米、白酒等;饲料加工企业25家,其中配合饲料生产企业4家,年产配合饲料达10万吨。全年产能达20.6万吨,产值57.5亿元。

鄂尔多斯市种植鲜食玉米3.53万亩,共有鲜食玉米冷藏保鲜设施21处,总库容10.7万立方米,总仓储能力2.1万吨。其中,达拉特旗有鲜食玉米冷藏保鲜设施4处,总库容6.7万立方米,总仓储能力1.3万吨,占全市仓储能力62%。在内蒙古王爱召农业观光有限公司、内蒙古普晨农牧科技有限公司等龙头企业的带动下,形成了"新井渠""风水梁"等本地知名鲜食玉米品牌。

### 2. 主要工作举措

以主要粮食作物单产提升示范行动为依托，通过打造 5 个玉米优质高效增粮示范片，建设 2 个玉米单产提升示范旗，推广玉米密植高产技术 21 万亩、大豆玉米带状复合种植 10 万亩，实施玉米大豆"一喷多促"面积 74.7 万亩，带动全市建设玉米"吨粮田"24 万亩。

大力开展高标准农田建设工作，完善耕地基础设施，改善农业生产条件。2023 年全市新建高标准农田 4 万亩，累计建成高标准农田达 320 万亩，占全市耕地总面积的 35％。2023 年全市投资 8 000 万元，在产粮大县达拉特旗、杭锦旗新建高标准示范农田 2 万亩，进一步提升农田质量，为打造智慧农业奠定坚实的基础。

落实玉米、大豆和马铃薯生产者补贴、耕地地力保护补贴、实际种粮农民一次性补贴共计 6.7 亿元。为进一步稳定粮食生产，调动农牧民生产积极性，全市各级共配套粮食生产资金 7 000 余万元，同时为进一步减少粮食损失，拨付市级救灾资金 5 000 万元，争取自治区救灾资金 1 160 万元，开展抗灾救灾、机械抢排、修复受损地块等工作。

积极开展招商引资，强化区内外产业对接，推动内蒙古东达蒙古王集团、盛林微冻（北京）生物科技有限公司、山西平遥龙海实业有限公司等项目实施落地。2023 年鄂尔多斯共计引进投资 146 亿元，进一步推动集玉米种植、粮食仓储、饲料生产、冷藏销售于一体的玉米全产业链新格局。

### 3. 存在问题

**（1）种植方面**　鄂尔多斯市玉米种业企业发展基础薄弱，市场竞争力弱，普遍存在科技创新能力弱，资金少，育种人才稀缺等问题，企业效益薄，生存压力较大。

水肥管理粗放。水方面，虽然滴灌技术大面积采用，但缺乏水分总量控制和生育期内优化分配管理的标准，灌溉较为盲目，浪费水资源的同时也没有起到好的增产效果。肥方面，氮肥用量普遍偏高，钾肥用量不足，同时也不重视有机肥和微量元素肥料，比如锌肥的施用，在肥料分配上没有充分考虑玉米对养分的需求规律，对于生育后期的追肥不够重视，导致肥效得不到充分发挥。

**（2）产业结构方面**　鄂尔多斯市粮食加工产业普遍存在龙头企业少而小的问题，产业链条短，缺少强有力的行业领军企业，产品多以初级加工为主，缺乏精深加工，产品附加值低，品牌影响力小，市场占有率低，企业的品牌意识不强，宣传力度不够，存在企业联农带农能力弱等问题。

### 4. 下一步发展方向及举措

今后鄂尔多斯市将进一步贯彻落实建设国家重要农畜产品生产基地的各项要求，深入实施"一产重塑"及"二产拉动一产"计划，将持续以推动玉米产业发展作为保障粮食生产的重点，以规模化、集约化、机械化的思维，积极优化科技创新体系，大力推广高效栽培技术，提升传统绿色农业种植方式，加快推进玉米生产的绿色转型升级，锚定玉米单产提升，筑牢玉米单产提升基础，为稳定全区玉米产业发展良好态势做出贡献。

## （五）巴彦淖尔市玉米产业发展报告

### 1. 产业发展现状

**（1）种植方面**　玉米在巴彦淖尔市 7 个旗县区均有种植，2023 年全市玉米种植面积

478.2 万亩，其中，乌拉特前旗玉米种植面积 126.7 万亩，居全市第一，其次是临河区（86.81 万亩）、乌拉特中旗（84.8 万亩）、五原县（63.94 万亩）、杭锦后旗（54.58 万亩）、磴口县（50.42 万亩）、乌拉特后旗（10.94 万亩）。据农情调度，青贮玉米 100 万亩，鲜食玉米 5.7 万亩。

**（2）制育种方面** 2023 年全市有 3 家玉米种子生产经营企业（内蒙古巴彦淖尔市科河种业有限公司、内蒙古西蒙种业有限公司、内蒙古金田正茂农业发展有限公司），制种面积 4.4 万亩，选育品种 14 个，种子销售收入约 38 074.3 万元，总产值 142 486.6 万元。

**（3）加工方面** 加工企业玉米原料主要来本地，全市籽粒玉米需要满足粮食储备、散户养殖、饲料和淀粉加工、制药行业的需求，全年需要外调 8 亿～10 亿斤左右。一是精深加工。深加工企业 1 个，占比约 1.75%，玉米加工量 50.3 万吨，销售收入 141 742 万元。二是饲料加工。全市有玉米加工企业 57 个，其中饲料加工企业 30 个，主要生产反刍动物、猪、禽等饲料及玉米压片，占比约 52.63%，全年加工玉米 45.89 万吨，销售收入 41.94 亿元。三是鲜食玉米加工。鲜食玉米生产企业 26 个，占玉米加工企业比例为 45.61%，2023 年总产值约 7 957.8 万元。

**2. 主要工作举措**

种业方面，为全面提升植物新品种权保护和管理水平，扶持、引导和激励种业企业发展自主知识产权。按照《巴彦淖尔市知识产权资助奖励办法》，于 2022 年对 2021 年新获得国家审定的 5 个玉米新品种、获得自治区审定的 5 个玉米新品种，获得植物新品种权的 4 个玉米品种进行资助奖励，资助奖励共 52 万元，涉及 3 家企业、14 个品种。2023 年拟定对 2022 年获得自治区审定的 2 个玉米品种、获得新品种权的 3 个玉米品种进行资助奖励，资助奖励共 15 万元，涉及农科所和 2 家企业、5 个品种。通过资助奖励，激发企业自主研发积极性，营造种业发展良好氛围。

种植方面，通过发放玉米生产者补贴，增加玉米种植收益，提高农户种植积极性，稳定玉米种植面积。落实杭锦后旗玉米单产提升工程项目，玉米单产提升示范面积 20 万亩；乌拉特前旗和乌拉特中旗实施玉米整建制单产提升示范县，各落实 2 个玉米万亩示范片和 10 个千亩方。

**3. 产业发展存在的问题**

**（1）种植方面**

a. 玉米密植品种少。目前玉米种植正在从过去的稀植大穗过渡到耐密紧凑型，市场上品种多而杂，适宜密植品种少，农民在购种时难以选择，个别品种未经试验、示范就投入生产，稳定性、抗逆性差，给部分农户造成经济损失。

b. 地膜用量大，回收率不高。据统计，全市玉米覆膜面积 580 万亩左右，不覆膜面积仅 1 万多亩。因玉米根茬发达，种植密度大，当前又缺乏好的地膜和根茬分离器械，地膜回收率不高。

c. 技术配套难。因品种较多，各品种的生育期、株型、粒型、对水肥的要求各不相同，很难针对每个品种进行配套栽培技术研究，难以实现标准化生产。再加上规模化、集约化发展缓慢，生产成本相对较高，宽窄行合理密植技术推广受限，玉米机械粒收技术得不到广泛应用，影响玉米整体效益提升。

**（2）产业结构方面**　玉米加工转化量虽然占到总量的一半以上，但多数为初加工，像联邦制药、巴山淀粉这样的深加工企业的加工量不足总加工量的 1/8，绝大多数企业是饲料加工企业，加工企业整体的产业链条短、附加值低，带动能力较弱。

**（3）原粮销售方面**　所种植的玉米主要作为畜牧养殖饲料进行销售，用于企业深加工所占比例极少，更没有用于不同加工需求的玉米专用品种，产业发展路径单一，产业化发展缓慢。

**4. 下一步发展方向及举措**

**（1）优化区域布局**　重点发展"一带一区一边"。"一带"是沿山地区发展玉米膜下滴灌水肥一体化黄金玉米生产带，包括乌拉特前旗、中旗、后旗沿山地区、磴口乌兰布和沙漠边缘；"一区"是发展养殖业饲料供应区，包括临河区、五原县、杭锦后旗、乌拉特前旗的黄灌区；"一边"是在临河周边及乌拉特前旗大佘太、乌拉特中旗乌加河等重点乡镇发展鲜食玉米。

**（2）深化推广模式**　重点服务合作社、种植大户和家庭农场。主要模式为市、旗农技推广部门（含农广校、种子管理站、植保站）＋企业（种子、肥料、农药、地膜等农用物资）＋社会化服务部门（农机专业合作社、社会化统防统治、托管、半托管服务组织）＋合作社。工作原理：产前技术、品种、肥料论证，合作企业对接，合作组织遴选，发布重点技术、品种、肥料推荐。合作社需求调查，根据需求开展宣传和培训，提供优质农资供应，全程技术指导，包括产前规划、项目申报等，提供所需的社会化服务。

**（3）做好耕地质量保护与提升工作**　继续做好"改盐增草"工程的前期试验示范工作，不断丰富和完善盐碱地改良路径，同时，配合市委市政府及有关部门做好项目的申报工作。此外，要结合有关项目的实施，做好耕地机械深松、秸秆还田培肥、耕地轮作等工作，不断提升巴彦淖尔市耕地质量水平。

**（4）做好产地环境净化工作**　继续在全市范围内开展"控肥增效和控药减害"工作，在做好点上试验示范的基础上，加强宣传培训、示范引领、典型带动，逐步在面上铺开。结合地区实际，加强膜下滴灌水肥一体化技术的推广应用，引进一批先进的滴灌设备开展试验示范，有条件的地区推广引黄滴灌。继续加强降解地膜和可回收地膜的试验示范工作。

**（5）做好农业技术集成、示范、引领工作**　围绕"新主体（农业企业、专业合作社、家庭农场、种植大户等）、新技术、新品种、新模式（社会化服务＋订单生产）、新动能（政府引导，积极鼓励社会资本参与）、新目标（高质量发展，园区内农民亩均增收 200 元以上）"，建设"六新"科技园区，实现农机农艺相结合，大规模进行技术集成，带动全市农业高质量发展，打造"双 15 农业高质量发展标准化科技示范园区"，展示新品种、新肥料、新农资、新装备，体现技术集成和绿色增产，发挥示范引领的平台作用。

**（6）做好新品种、新技术、新作物、新农资的综合试验示范工作**　依托科技示范园区和各项目示范片，围绕新品种、新技术、新肥料、新农资开展一系列试验示范。为加快试验周期，各旗县区统一试验示范标准，测产后通过论证，对产量突出、增收效果明显的纳入下年推荐名录予以推广。

**5. 未来发展需求**

在科技研发方面。鼓励高等院校和科研院所，组成专家团队，带项目、带资金，围绕优化玉米生产环节、降低水肥投入这一核心，帮助解决玉米水肥投入大、种植成本高的问题。

在企业技改扩建和产品深加工方面。在产业化贴息贷款方面给予倾斜，帮助企业解决技改资金和收购原料流动资金不足的问题；在玉米深加工方面给予项目支持，帮助引进培育深加工企业，延长产业链条，推动产业结构升级。

## （六）乌兰察布市玉米产业发展报告

近年来，乌兰察布市全面贯彻落实习近平总书记将内蒙古自治区建设成为国家重要农畜产品生产基地指示精神，发挥优势，大力发展粮饲兼用、鲜食和青贮玉米，保障农畜产品供应。

**1. 产业发展现状**

**（1）种植方面** 2023年全市玉米种植面积298万亩，原粮产量12.2亿斤。其中青贮玉米83.5万亩，鲜食玉米20.2万亩。主要分布在凉城县、丰镇市、兴和县、四子王旗、察哈尔右翼前旗等地。500亩以上玉米规模化种植面积达到65万亩左右。

**（2）制育种方面** 乌兰察布市暂无玉米制种育种。近年全市主要种植品种有米格、利合328、恳沃5、必祥101、景琪3035、元华8号、克玉19、和玉4号、NK718、九玉1034、先达101等。

**（3）加工方面** 全市年加工玉米能力30万吨左右，加工产品以鲜食玉米和饲料为主。

一是饲料加工。全市有饲料加工企业21家，年生产10万吨以上饲料生产企业1家，玉米用量为9.4万吨，2023年全市饲料总产量23.9万吨，其中反刍料19.1万吨，猪禽饲料4.8万吨。

二是鲜食玉米加工。近年来，全国鲜食玉米市场需求量增长迅速，市场空间巨大，乌兰察布市昼夜温差大、日照时间长，种植的鲜食玉米较河北等原鲜食玉米主产区颜色鲜亮、品相好、品质优，形成了具有代表性的"预制菜"产业增长点，有相对稳定的供销渠道，发展势头强劲。2023年全市鲜食玉米加工企业达到13家，加工能力20万吨，实际加工量9.7万吨，其中糯玉米约占40%，甜玉米约占60%，加工总产值4.3亿元，较上年同期增长90%。加工产品类型主要有甜玉米粒、速冻玉米棒等。

**2. 主要工作举措**

**（1）强化布局，优化产业结构** 在光热水资源较丰富的凉城县、丰镇市、兴和县、察哈尔右翼前旗等前山地区发展籽粒、粮饲兼用玉米；在丰镇市、凉城县、兴和县、察哈尔右翼前旗等地发展鲜食玉米；在牧业比重较大的四子王旗、察哈尔右翼中旗、察哈尔右翼后旗、商都县等后山旗县发展粮饲兼用、青贮玉米，逐步形成区域布局优化、产业结构合理、产需总量平衡、市场竞争有力的产业发展格局。

**（2）示范推广，提高种植水平** 通过优质高效增粮、耕地轮作等项目支持，积极开展优良品种筛选，主推全膜双垄沟播、密植滴灌、水肥一体化、无底肥全程追肥、精量播种、大豆玉米复合种植、合理轮作等技术模式。2023年建设玉米优质高效增粮示范区0.2

万亩，打造玉米密植 3 个高产主体和 3 个高产示范村，开展大豆玉米复合种植 9.4 万亩。

**(3) 招商引资，提升加工能力**　2023 年乌兰察布市签约招商的企业有 2 家，一是察哈尔右翼前旗瑞农冷链仓储有限公司，总投资 0.35 亿元，在察哈尔右翼前旗巴音塔拉镇李英村建设 1 万吨冷链仓储冷库和 2.5 万吨加工能力的甜玉米加工生产线，项目建成后，可带动当地 2 万亩甜玉米的种植和加工的产业链条。二是兴和县清山农业发展有限公司，投资 0.6 亿元，建成后预计年加工速冻玉米 3 000 吨，速冻玉米棒 5 000 吨。此外，全市玉米重点项目有 7 个，涉及企业 7 家。其中，基础端 3 个，主要建设玉米储存冷库；初加工端 4 个，以鲜食玉米加工为主。各项目建成后将进一步提高乌兰察布市玉米加工仓储能力。

**3. 存在问题**

**(1) 种植方面**　密植滴灌技术推广应用不够充分，目前乌兰察布市多数种植户在玉米种植上的投入达不到高产的要求，习惯种植的密度较低，有机肥投入不足，施肥单一，限制了玉米产量的进一步提升。

**(2) 产业结构**　鲜食玉米加工还没有形成集聚效应，乌兰察布市鲜食玉米面积逐年增加，加工企业持续发展，但仍存在单打独斗的局面，整体科技含量低，市场竞争力不强等问题。

**4. 下一步发展方向及举措**

**(1) 大力推进玉米单产提升**　一是加大玉米密植技术宣传和培训，让种植户认识技术优势；二是依托优质高效增粮、绿色高质高效、社会化服务等项目，开展试验示范，2024年要加大力度推广玉米密植高产精准调控技术模式，提升玉米单产水平。

**(2) 推动鲜食玉米产业发展**　乌兰察布市将从打造鲜食玉米优势种植生产带、提升鲜食玉米整体品质、集群化发展加工企业、创新销售渠道等方面，推动鲜食玉米提质增效、提档升级，打造集聚性鲜食玉米产业园区，形成自治区特色产业高质量发展样板。

**5. 资金投入情况及未来发展需求**

**(1) 2023 年玉米产业方面资金投入情况**　2023 年乌兰察布市玉米产业资金投入有以下几方面：一是普惠性补贴，包括玉米生产者补贴、实际种粮农民一次性补贴和耕地地力保护补贴；二是玉米密植高产技术示范，依托项目建设 2 个千亩玉米密植试验示范片，打造 3 个高产主体和 3 个高产示范村，按照自治区要求，利用新型经营主体和社会化服务资金给予适当补助；三是耕地轮作，涉及玉米的耕地轮作任务，按照政策要求给予轮作补助资金；四是粮改饲项目，项目内青贮玉米收储给予 50 元/吨补助。

**(2) 未来发展需求**　乌兰察布市充分发挥昼夜温差大、光照强和区位优势，在鲜食玉米产业方面走在了全区的前列，继续加大对鲜食玉米加工支持力度，同时在种植技术、试验示范方面给予倾斜支持。

# 第二章　马铃薯产业链发展报告

## 一、全球马铃薯产业发展情况

### 1. 全球马铃薯产业现状

**（1）生产情况**　马铃薯是世界上四大粮食作物之一，目前已在 150 多个国家和地区广泛种植，2011—2020 年期间，全球鲜食马铃薯产量呈小幅度下滑趋势，从 2011 年的 36 898.39 万吨波动下滑至 2020 年的 35 907.14 万吨，10 年间减少了 991.25 万吨，最大降幅约 4.06%。在全球各个马铃薯生产国中，鲜食马铃薯产量排名前五的国家依次是中国、印度、乌克兰、俄罗斯、美国。我国鲜食马铃薯产量在全球所占的比重维持在21%～25%之间（图 2-1）。

图 2-1　2011—2020 年全球及中国马铃薯产量

2019 年由于我国马铃薯播种面积减少，产量出现较为明显的下降，2020 年有所回升。2020 年五国产量合计在全球所占的比重达 52.57%，其中，中国占比 21.79%、印度占比 14.29%、乌克兰占比 5.80%、俄罗斯占比 5.46%、美国占比 5.23%。2021 年全球马铃薯产量总计 3.76 亿吨，其中中国（9 400 万吨）和印度（5 400 万吨）是最大的马铃薯生产国。2021 年全球收获总面积为 18 132 694 公顷，世界产量平均水平约为每公顷 21 吨。2023 年中国马铃薯播种面积稳定在 7 000 万亩左右，产量近 9 000 万吨，均占世界的 1/4 左右，产量多年稳居世界第一。

**（2）市场情况**　MordorIntelligence 数据显示，2023 年全球马铃薯市场规模预计为 111.8 亿美元，2023—2028 年的预测期内，全球马铃薯市场将以相当大的速度增长。2023 年市场将以稳定的速度增长，预计 2028 年将达到 132.8 亿美元，预测期内（2023—2028

年）复合年增长率为 3.50%。

马铃薯以各种形式出口到世界各地。2021 年预制或保鲜马铃薯的出口总额约为 108 亿美元，成为主要的马铃薯出口方式。荷兰、德国和加拿大是世界主要的马铃薯出口国。同年，比利时成为世界上最大的新鲜和冰鲜马铃薯进口国，其次是荷兰和美国。

全球马铃薯市场分为两大类：新鲜马铃薯和冷藏马铃薯。加工食品行业对新鲜马铃薯的需求量很大，因为加工产品占马铃薯消费的大部分。根据国际贸易地图，法国、德国、中国、荷兰、加拿大和美国是 2020 年最大的新鲜马铃薯出口国。2020 年中国、印度、俄罗斯、美国和德国是最大的马铃薯生产国，产量分别为 7 820 万吨、5 130 万吨、1 960 万吨、1 880 万吨和 1 170 万吨。马铃薯加工品方面，发达国家马铃薯加工业相当完备，消费以马铃薯加工品为主。欧、美、日等国家和地区直接以马铃薯为原料加工的各类食品有 300 多种，制成淀粉、各种类型的变性淀粉及淀粉深加工产品达上千种。美国马铃薯加工量占总产量的 76%，马铃薯食品多达 90 余种。日本马铃薯年总产量约为 350 万吨，仅北海道每年加工用的鲜薯约 259 万余吨，占其总产量的 74%，其中用于加工食品和淀粉的马铃薯约为 205 万吨，占总产量的 58.6%。德国每年进口 200 多万吨马铃薯，主要产品有干马铃薯块、丝和膨化薯块等。英国每年人均消费马铃薯近 100 千克，其中冷冻马铃薯产品消费最多。

**（3）消费情况**　1985—2017 年，世界马铃薯消费量由 2.84 亿吨增至 3.81 亿吨，其中食用消费量从 1.33 亿吨增至 2.47 亿吨，增长 85.71%，占比也由 46.9% 增至 64.8%，增长 17.9 个百分点。而饲用消费、种用消费比例分别缩减 11.91、4.82 个百分点，损耗量则基本保持在 9% 左右（图 2-2）。

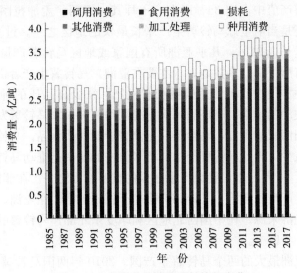

图 2-2　世界马铃薯消费结构的变化

**2. 各区域马铃薯生产状况**

**（1）欧洲**　在 20 世纪的大部分时间里，欧洲在马铃薯生产方面一直处于领先地位。比利时人发明了风靡全球的炸薯条，荷兰是世界主要的认证种薯供应国，在世界十大马铃薯主要生产国中仍有 6 个是欧洲国家，该地区同时拥有世界最高的人均马铃薯消费量（每年人均约 85 千克）。许多西欧国家正在从马铃薯栽培转向马铃薯加工和出口种薯的生产。

20 世纪后半叶，东西欧马铃薯产业表现出巨大的差异。在西欧，使用新技术及商业化的大农场和发达的马铃薯加工业使西欧的马铃薯产业一直处于世界领先地位，而在东欧，马铃薯生产的主要动因是集体农庄、中央计划和马铃薯的饲用价值，整体生产水平较低，每年因科罗拉多甲虫、晚疫病以及各类病毒和贮藏导致损失巨大。2010 年东欧马铃薯平均单产为 13 吨/公顷，不仅低于世界平均单产（15.4 吨/公顷），更远低于西欧平均单产（41.5 吨/公顷）。随着 20 世纪后期东欧政治的变迁，东欧国家的马铃薯生产开始向西欧模式转变，个体家庭经营和私人农庄不断增加，马铃薯生产的重点逐步向提升马铃薯附加值和满足消费者多样化的需求转变，其结果导致为饲养家畜而种植的马铃薯面积大幅减少，从而导致欧洲马铃薯种植面积和产量的相继下滑。德国和俄罗斯是近 20 年间欧洲马铃薯生产变迁的基本缩影。德国是西欧最大的马铃薯生产国，尽管在 1991—2010 年间德国马铃薯种植面积减少 25.33%，但通过采用新技术和推广优质种薯，平均单产提高 29.09%，总产量基本保持不变。同期，俄罗斯马铃薯种植面积减少 37.77%，产量下滑 44.85%，单产降低 11.36%。

马铃薯在欧洲农业生产和膳食结构中仍占有重要地位。欧洲马铃薯种植面积占耕地面积比重为 2.10%，远高于全球平均水平（1.22%），其中荷兰、马耳他、比利时高达 9.5% 以上。俄罗斯、乌克兰、德国、波兰、白俄罗斯、法国仍是世界十大马铃薯主产国，其中俄罗斯和乌克兰马铃薯每年产量保持在 2 000 万吨左右。在乌克兰，马铃薯是该国的"第二种面包"，一种马铃薯馅制成的点心"perogie"成为该国最受欢迎的全国性食品。

**（2）亚洲和大洋洲**  亚洲包括世界马铃薯生产大国——中国和印度，两国在世界马铃薯种植面积和马铃薯产值中占比 35% 以上，土耳其、伊朗、孟加拉国也是世界二十大马铃薯生产国。亚洲还是当前全球马铃薯生产增长最快的地区之一。过去 50 年间，亚洲马铃薯产量平均每年增长 3.91%，几乎亚洲所有国家或地区马铃薯产量都有不同程度的增加，但日本的产量有所下降。多数地方（主要在亚洲）马铃薯生产者仍依赖于传统的农耕方式——较小的地块、很少或不使用机械和有机肥，缺少高品质的种薯，马铃薯单产较低。昂贵的种薯、波动的价格、晚疫病等病害是制约亚洲国家马铃薯发展的最重要因素。

稻米是许多亚洲国家的主食，马铃薯只是消费者的替代食品。马铃薯产量的增加常常伴随着稻米产量的减少，因此马铃薯价格与稻米价格的比率是推动马铃薯生产和消费的动力，这也被认为是近 20 年日本马铃薯产量减少的重要原因之一。在菲律宾、印度尼西亚、斯里兰卡，马铃薯生产难以自给，马铃薯价格高于稻米价格。在亚洲，马铃薯还是土地贫瘠地区农民的重要经济来源。在中国西北地区和印度东北部，马铃薯的销售收入能够占部分农村家庭收入的一半以上。

中国和印度是亚洲最大的两个马铃薯生产国。2010 年两国马铃薯产量分别占亚洲总产量的 56.64% 和 19.96%。两国马铃薯生产的集中区域是亚洲乃至世界两个重要的马铃薯生产带：一是位于中国西部南北走向的马铃薯生产带，该地区多为高原或丘陵山区，人口相对稀疏，贫瘠的土壤和种植马铃薯较高的经济收益是推动该地区马铃薯生产快速发展的主要驱动力；另一是沿"孟加拉国—尼泊尔—印度东北边境"并一直延伸至巴基斯坦的印度河—恒河平原，整个地区属于热带盆地，适合在 10 月至次年 3 月间的短暂冬季里种植。近20年位于两大马铃薯生产带的5个国家（中国、印度、尼泊尔、巴基斯坦、孟加拉国）的马铃薯生产都在快速地增加。

大洋洲是世界最小的马铃薯生产地区。澳大利亚和新西兰的马铃薯种植面积和产量能够占到该地区的99%以上。拥有高品质原料及生产能力和运输成本的优势，使得主要马铃薯加工企业在该地区都建有工厂，成为亚洲马铃薯加工市场的重要竞争者。马铃薯是澳大利亚最重要的园艺作物，占蔬菜总产量的40%以上，其中60%以上的马铃薯加工成为冷冻马铃薯产品和薯片，余下约37%作为鲜薯销售。

**(3) 非洲**　马铃薯在非洲有着广泛的种植，从深受欧洲影响的北非地中海沿岸，到饱受战乱折磨的亚撒哈拉非洲农业区，再到南非集约化的马铃薯生产区。非洲是世界马铃薯生产增长最为迅速的地区。自1961年以来，非洲马铃薯产量以每年平均5.11%的速度迅速增加。在有50年完整统计资料的36个非洲国家或地区中，所有的国家马铃薯产量都有不同程度的增加，其中一半以上国家年平均增长率在4.5%以上。

埃及位于地中海的东南角，在地理位置上易于接近欧洲市场，属于典型的受欧洲影响的北非国家，是非洲最大的马铃薯生产国。毗邻欧洲的地理优势和欧洲市场在冬季无法提供本地新鲜马铃薯的市场空隙，使埃及马铃薯在欧洲市场占有一席之地，是欧洲冬季新鲜马铃薯产品和加工市场的重要供应国，也是世界主要的马铃薯及其加工制品出口国之一。1961—2010年间，埃及马铃薯产量以平均每年4.56%的速度快速增长，2010年马铃薯产量达到了364.32万吨。

**(4) 北美洲**　北美洲马铃薯生产主要集中在两个国家，即美国和加拿大。自1991年以来，北美洲马铃薯的平均单产显著增加，年平均增长率1.27%，2010年美国和加拿大每公顷平均产量分别为44.95吨和31.61吨。尽管北美洲马铃薯种植面积有所减少（主要是美国），但是总产量维持在2200万~2500万吨。此外，美国和加拿大还是世界主要的冷冻马铃薯出口国。

如同20世纪90年代末欧洲马铃薯生产重心转移一样，北美的马铃薯生产也出现了由东向西、由南向北的转移，生产重心逐步向西太平洋沿岸地区转移。1982—2002年间，美国中西部地区的爱荷华州（13.81%）、华盛顿州（52.11%）和蒙大拿州（39.65%）马铃薯种植面积都有所增加，而缅因州（-35.04%）、明尼苏达州（-26.13%）和密西西比州（-71.25%）种植面积都所有下降。与此类似，在1996—2008年间，加拿大亚中西部的伯达省和曼尼托巴省种植面积分别增加67.30%和16.85%，爱德华王子岛种植面积下降15.88%。马铃薯生产的迁移主要得益于优越的交通条件、新的贮藏技术和加工方式的转变，这些都使得马铃薯生产可以远离大城市等消费中心，并向高产区转移。

美国是世界第四大马铃薯生产国，2010年马铃薯产量为1833.75万吨，其中90%以上的马铃薯在9~10月收获。虽然各州都有马铃薯生产，但主要集中在太平洋沿岸和洛基山区及爱荷华州（28.77%）、华盛顿州（12.58%）、北达科他州（8.32%）、威斯康辛州（6.34%）、科罗拉多州（6.24%）、缅因州（5.09%）和明尼苏达州（4.59%）。每年总产量中大约60%被加工成为冷冻产品（如冷冻薯条或薯块）、薯片、脱水马铃薯和淀粉，仅30%左右被用作鲜薯消费。

**(5) 拉丁美洲**　马铃薯起源于南美洲，尽管近些年拉美马铃薯产量不断增加，但这里并不是世界马铃薯的主产区。自 1991 年以来，拉美马铃薯总产量增长 42.11％，2010 年马铃薯产量仍不足 1 700 万吨。多数拉美国家马铃薯种植面积在 5 万～50 万公顷之间，主要分布在安第斯山脉周围。

拉美马铃薯生产在所有地区中具有明显的多样性，传统小农生产和现代商业化生产同时存在。阿根廷、智利和墨西哥有集约化大型农场，有类似北美或西欧地区的现代化大规模种植基地，跨国加工企业也在此建立加工厂。同时，在安第斯山区，仍存在部分依靠传统小农生产方式、自给自足的马铃薯种植者。

**3. 全球马铃薯产业发展趋势**

在近些年里，无论是种植面积还是市场份额，欧洲马铃薯生产持续下滑；发展中国家特别是中国和印度，马铃薯种植面积迅速扩大，推动了世界马铃薯生产格局的变迁，世界马铃薯生产格局正在发生重大变化。欧洲马铃薯种植面积不断萎缩，但技术提升和完善的生产体系使得马铃薯单产不断提高，当前欧洲在世界马铃薯生产中仍占有重要份额。亚洲是世界马铃薯生产增长最快的地区，马铃薯价格与稻米价格的比率是推动该地区马铃薯生产和消费的重要动力。非洲是世界马铃薯生产增加较快的另一个地区，毗邻欧洲的北非地区具有优越的地理优势，亚撒哈拉非洲将马铃薯作为重要的热量来源。北美马铃薯总产量变化不大，但生产重心逐渐向西太平洋沿岸地区转移。拉美马铃薯主要分布在安第斯山脉周围，既有传统小农生产模式，又有现代商业化生产模式。世界马铃薯生产重心正在由西向东、由发达国家向发展中国家转移。

# 二、国内马铃薯产业发展现状

**1. 我国马铃薯种植现状**

我国马铃薯产区基本形成三北单作区、中原间作区、南方冬作区、西南混作区四大马铃薯优势区，种植面积分别占全国马铃薯面积的 50％、8％、5％和 37％。

目前我国 70％以上的马铃薯种植在脱贫地区，当地农民收入的 1/3 来自马铃薯。通过大力发展订单产业、保底价收购、龙头企业＋合作社＋农户等方式，引导企业同种植主体建立利益联结机制，带动农民每亩增收 200 元以上。在甘肃，2022 年全省马铃薯产业全产业链产值达到 340 亿元，农民人均产业收入达到 1 700 元，其中优势产区农民人均产业收入超过了 2 200 元。

种植面积和产量：马铃薯是继小麦、水稻、玉米之后的第四大农作物，中国现在是世界上最大的马铃薯生产国，其次是印度、俄罗斯和乌克兰，美国是世界上第五大马铃薯生产国。受早期低温、干旱及中期高温，后期霜冻等不利气候条件和 2021 年马铃薯市场低迷等因素影响，据国家统计局公布数据可知，2022 年全国马铃薯种植面积 4 534.83 千公顷，产量 357.65 亿斤（折粮）（图 2-3）。

**2. 出口概况**

马铃薯网数据显示，2022 年 1～12 月，中国出口鲜食或冷藏的马铃薯（种用除外）总量约为 45.22 万吨，与 2021 年全年的出口量 39.98 万吨相比，增加了约 6.24 万吨，同比增幅约为 16.0％。2022 年 1～12 月，中国出口鲜食或冷藏的马铃薯出口金额共计约

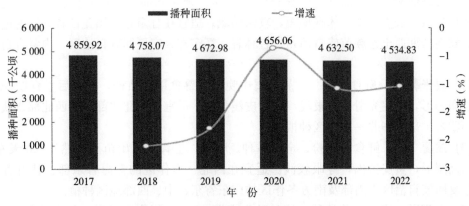

图 2-3　全国马铃薯播种面积变化趋势

资料来源：国家统计局，华经产业研究院。

248.37 百万美元，与 2021 年全年的出口金额 211.30 百万美元相比，增加了约 37.07 百万美元，同比增幅约为 17.54%。

从 2017—2022 年马铃薯年度出口量可以看出，2019 年我国马铃薯出口总量最多，约为 50.32 万吨；2021 年我国马铃薯出口量最少，约为 39.98 万吨；2022 年马铃薯的出口量虽然大于 2021 年，但从近 5 年的出口量来看，也仅处于中等水平，并未创出年度新高。

**3. 品种应用情况**

中国已累计认定 16 个马铃薯区域性良种繁育基地，安排专项资金支持建设 2 个马铃薯产业集群，登记优质抗病丰产品种 378 个。近十年来，各地共审定或登记 524 个马铃薯品种，品种类型更加丰富，商品性能更加优质，其中加工品种和早熟品种的数量显著增加，分别占育成品种总数的 34% 和 25%（表 2-1）。

表 2-1　2022 年度马铃薯全国推广面积前十品种

| 排名 | 品种名称 | 面积（万亩） |
| --- | --- | --- |
| 1 | 青薯 9 号 | 604 |
| 2 | 费乌瑞它 | 571 |
| 3 | 冀张薯 12 | 228 |
| 4 | 克新 1 号 | 186 |
| 5 | 陇薯 7 号 | 172 |
| 6 | 威芋 5 号 | 158 |
| 7 | 希森 6 号 | 158 |
| 8 | 陇薯 10 | 131 |
| 9 | 米拉 | 130 |
| 10 | 晋薯 16 | 128 |

2023 年农业农村部编制发布《国家农作物优良品种推广目录（2023 年）》，重点推介 10 种农作物，241 个优良品种，其中马铃薯有 20 个品种入选，包括骨干型品种 4 个、成长型品种 6 个、苗头型品种 6 个以及特专型品种 4 个，以下着重介绍部分骨干型马铃薯特性。

**(1) 费乌瑞它** 鲜食品种。生育期 65～70 天，属早熟品种；块茎长椭圆形，皮色淡黄，肉色深黄，表皮光滑，休眠期短，较耐储藏。适宜在甘肃省、黑龙江省马铃薯适宜种植区、湖南省湘西土家族苗族自治州、吉林省、辽宁省、宁夏回族自治区、内蒙古自治区春播。

**(2) 冀张薯 12** 鲜食品种。该品种属中晚熟鲜薯食用型品种，出苗后生育期 96 天；块茎长卵圆形，薯皮光滑，芽眼浅，浅黄皮浅黄肉。适宜在河北北部、山西北部、陕西北部和内蒙古中部等华北一季作区种植。

**(3) 陇薯 7 号** 鲜食、淀粉、全粉品种。晚熟，生育期（出苗至成熟）120 天左右。薯块长椭圆形，黄皮黄肉，芽眼较浅。适宜在西北一季作区的青海省东部、甘肃省中东部、宁夏回族自治区中南部及南方冬作区的广东省东、中、西部地区种植。

**(4) 大西洋** 炸片炸条品种。该品种生育期 90 天，属中熟品种，块茎圆形，麻皮，有轻微网纹，薯肉白色，芽眼浅。适宜在河北张家口市、新疆北部、广东中南部冬作区、广西、湖南、甘肃、宁夏、黑龙江、内蒙古、山西、天津等马铃薯种植区种植。

**4. 加工情况**

**(1) 马铃薯淀粉加工概况** 马铃薯淀粉加工企业主要依马铃薯种植区分布，但受我国马铃薯种植区域分散影响，马铃薯淀粉加工企业分布也比较分散，且整体企业生产规模偏小。2022 年中国淀粉工业协会统计的 132 家马铃薯淀粉加工企业统计数据显示，除内蒙古、甘肃、宁夏、河北及黑龙江地区生产企业相对较多，剩余企业零星分布在其他 9 个省份。

2022 年马铃薯淀粉 TOP10 企业合计产量为 15.70 万吨，占总产量的 32.15%，TOP10 企业集中度比 2021 年上涨 6.18 个百分点（图 2-4）。

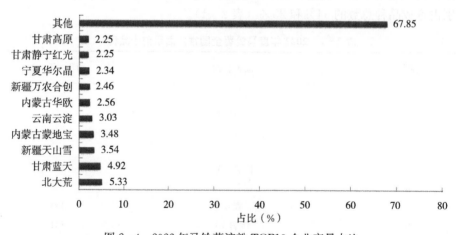

图 2-4 2022 年马铃薯淀粉 TOP10 企业产量占比

我国马铃薯淀粉主要应用于食品行业，消费占比超过 80%，少量应用于造纸、染织、医药、建筑、宠物饲料、降解材料等行业。2022 年受马铃薯种植面积减少、价格暴涨的刺激，马铃薯淀粉生产成本大幅上涨，价格整体显著上涨，部分食品加工领域出现木薯淀粉一定程度替代马铃薯淀粉的情况，再加上疫情对餐饮、食品消费等行业的冲击，使得本就清淡的终端需求更显疲势，2022 年马铃薯淀粉需求量有一定程度的下降，下降至 60 多万吨（图 2-5）。

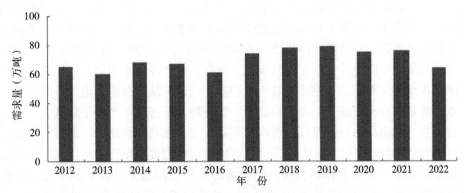

图 2-5　2012—2022 年马铃薯淀粉需求量变化

**（2）马铃薯冷冻食品概况**　我国是世界上最大的马铃薯生产国，主要出口至东南亚国家及日本。目前我们国内几家知名企业冷冻马铃薯年产能约为 30 万吨（图 2-6）。

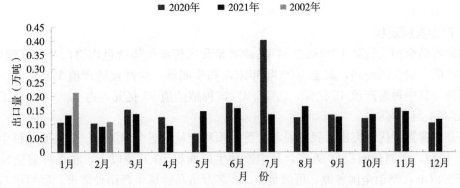

图 2-6　2020—2022 年冷冻马铃薯月度出口量

数据显示，2020 年中国冷冻马铃薯全年出口量约为 1.78 万吨，2021 年全年出口量约为 1.59 万吨。按月份来看，2022 年 1 月及 2 月冷冻马铃薯单月出口量均高于 2021 年和 2020 年单月同期。从具体数据来看，2022 年 1 月出口量约为 0.22 万吨，较 2021 年 1 月出口量约增 0.08 万吨，较 2020 年 1 月出口量约增 0.11 万吨；2022 年 2 月出口量较 2021 年 2 月出口量约增 0.02 万吨，较 2020 年 2 月出口量约增 0.003 万吨。

自从 2022 年年末在日本等多国国内出现"薯条荒"，而欧美国家马铃薯原料供应又显不足的情况下，亚洲各国纷纷转向从我国进口冷冻薯条以此来填补需求缺口，以至于 1 月份部分冷冻薯条工厂出现原料匮乏，甚至冷冻薯条基本断货的情况。另一方面，世界范围内的公共卫生事件导致海运港口封锁，航线运力紧张，海运费价格大涨、油价大涨等一系列的问题，导致了货运成本大幅的上升，冷冻薯条出口基本无利可赚，此时即便出口有单，我国薯条工厂企业很多不接单，相反做国内订单更加有利可图，所以导致大多数企业放弃国外订单又转向国内市场。

**5. 我国马铃薯发展问题及建议**

我国是世界最大的马铃薯生产国，无论是种植面积还是产量均占世界的 20％以上。

马铃薯产业已经形成一定规模，甚至在一些贫困地区和干旱地区已成为农民脱贫致富的支柱产业，取得了显著的经济效益和社会效益。虽然我国是马铃薯种植大国，但不是马铃薯产业强国。目前全国马铃薯平均单产仍低于世界平均水平，与荷兰、新西兰、美国等先进国家还存在较大差距。马铃薯产品年出口总额仅为荷兰的 1/18，世界的 1/50。中国马铃薯生产存在的最突出问题，体现在经营规模方面就是生产经营小而散，规模化、产业化程度低；体现在育种方面就是长期注重高产抗病品种培育，缺少高附加值的专用品种；体现在管理方面就是脱毒种薯缺乏，农户自留种、串种较为普遍，单产水平较低。

从长期看，我国高质量推进马铃薯产业发展，应突出马铃薯高产、加工专用品种的培育和改良，规范种薯市场，下大力气推广脱毒种薯，努力提高单产；从国家层面出台生产者补贴政策，加大对种植者补贴力度；同时大力发展精深加工，研发多样化的马铃薯食品，突出科技支撑，加大加工企业支持力度，通过加工端拉动种业端和种植端的高质量发展。

# 三、内蒙古自治区马铃薯产业发展报告

## 1. 产业发展现状

内蒙古是全国马铃薯主产区之一，马铃薯是我区传统优势特色作物，产业基础良好，综合生产能力居全国前列，截至 2023 年年末，初步测算，全产业链产值 178 亿元，保持全国第四，其中种薯产值 45 亿元，占 25.3%；种植产值 93 亿元，占 52.2%；加工产值 40 亿元，占 24.5%。

一是种薯繁育优势突出。我区脱毒种薯面积和产量均居全国第一。全区原原种生产能力超 25 亿粒，年制种面积 70 万亩，其中原种生产面积 10 万亩以上，脱毒种薯交易量占全国 35% 以上，畅销全国各地，可满足 1 300 多万亩马铃薯生产用种需求。察哈尔右翼前旗、四子王旗、牙克石市、正蓝旗 4 个旗县被认定为国家马铃薯区域性良种繁育基地。目前，全区有种薯生产经营企业 71 家，其中华颂、坤元太和 2 家繁育企业进入国家种业阵型企业，全区已登记品种 40 个，占全国 8%。

二是种植规模保持前列。我区马铃薯种植面积、产量均居全国前列。2010 年面积达到 1 005 万亩，居全国第一；2023 年种植面积 370.1 万亩、产量 130 亿斤，分别居全国第8 位、第 6 位，单产 3 510 斤/亩，高于全国平均水平约 660 斤/亩。阴山沿麓和大兴安岭沿麓两个优势主产区，种植面积约占全区的 90%，其中乌兰察布市种植面积 130.1 万亩，占全区 35.2%，产量 173 万吨，占全区 26.6%。全区现有"乌兰察布马铃薯"、"阿荣马铃薯"、"固阳马铃薯"、"牙克石马铃薯"、"武川土豆" 5 个国家农产品地理标志，乌兰察布市 2009 年被中国食品工业协会评为"中国马铃薯之都"，2018 年被国家认定为"中国特色农产品优势区"。

三是产业加工初具规模。我区马铃薯加工企业集中在中部地区，是我国最重要的淀粉、薯片薯条加工区，加工产能、转化率居全国首位。全区马铃薯仓储能力约 400 万吨，年加工量 250 万吨，加工率约 45%，居全国领先水平。其中，清洗包装等产地初加工约 32%，精深加工转化率为 13%。精深加工产品中淀粉约 80%、全粉约 10%、薯片薯条等休闲方便食品约 10%，分别占全国 30%、35%、60% 左右。衍生药、化工等产品和功能食品生产处于起步阶段。加工龙头企业中，华欧淀粉是全国最大的精淀粉加工企业，生产的优级品淀粉产量占全国 60%；薯都凯达、蓝威斯顿等国内外知名薯片薯条加工企业均在我区设厂，产能居全国首位。

**2.2023 年马铃薯产业发展成效**

2023 年全区马铃薯种植面积 370.1 万亩，增加 34.1 万亩，近十余年来首次止跌回升。当前已全部完成收获，平均单产达到 702 斤/亩，总产达到 26 亿斤，较去年新增 3.7 亿斤左右。

一是制定支持政策举措。9 月 6 日，自治区人民政府办公厅印发《关于推进马铃薯产业链发展六条政策措施的通知》，提出了 6 个方面 16 项支持举措，并结合执行情况建立动态调整制度。从全产业链角度提出了支持种薯繁育产业做强、实施单产提升工程、扶持产地建设现代化储藏设施、提升品牌影响力、加强科技支撑、强化金融保险支持 6 个方面支持措施，推动产业发展。

二是推动提质增效。稳面积方面，继续实施马铃薯生产者补贴。同时依托社会化服务开展规模化、标准化和集约化种植 100 万亩以上。提单产方面，利用优质高效增粮、绿色高产高效等项目，在 8 个盟市 25 个旗县建设 50 万亩单产提升示范区，9 月 13 日测得锡林郭勒盟太仆寺旗马铃薯亩产 11 278.6 斤/亩（鲜食薯），马铃薯示范基地单产水平创当地历史新高。推良种方面，争取国家制种大县项目资金，支持乌兰察布市四子王旗巩固提升良种繁育基地建设。安排种业振兴资金，支持察哈尔右翼前旗国家级马铃薯良繁基地建设。2023 年在 4 个盟市 5 个旗县建设 5 个看禾选种平台。示范主推品种 16 个，展示品种 90 个，搭建了线上看禾选种互动信息平台，宣传观摩 15 次，带动优良品种应用落地，良种覆盖率约为 98%。新选育登记 7 个马铃薯新品种，中加农业牵头组建了"内蒙古马铃薯种业科技创新联合体"，现已引进种质资源 100 余份，"中加"系列 9 个马铃薯新品种已申请登记保护，新获得登记证书 5 个，中加 7 号扩繁面积 6 500 余亩，2023 年推广面积预计可达 10 万亩。培育企业方面，新认定 149 家农牧业产业化重点龙头企业中，马铃薯种植企业 3 家、加工流通企业 2 家。

三是打造产业集群。获批重大项目，成功争取了阴山马铃薯国家优势特色产业集群，获得中央财政奖补资金，扶持建设从种薯到加工产品的产业集群，自治区农牧厅、财政厅 7 月 25 日联合印发了《关于印发 2023 年优势特色产业集群建设工作推进方案的通知》。2023 年还支持武川县创建自治区马铃薯产业园，通过对武川县产业园实行"月监测、季分析"的监测方式，及时通报产业园建设和管理情况。遴选 5 家"链主"企业，通过组织遴选等环节，确定薯都凯达、华欧淀粉、华颂农科、中加农业生物、土豆集实业 5 家企业为马铃薯产业链"链主"企业，并推进成立自治区马铃薯产业促进会。

四是支持乌兰察布市建设马铃薯产业示范区。落实自治区政府工作报告提出的"支持乌兰察布市打造马铃薯产业示范区"要求，制定了支持方案，通过种薯、种植、加工、品牌 4 个方面 14 项政策和项目并给予支持。当前乌兰察布市具备年生产脱毒苗 10 亿株和原原种 20 亿粒的生产能力；全市马铃薯播种面积达到 130.1 万亩，较去年增加 15.3%，建成高产高效示范区 63 个，9.6 万亩。全市现有加工企业 34 家，蓝威斯顿、福景堂等大型加工项目投产后，薯条产能将达到 70 万吨，淀粉产能达到 40 万吨，乌兰察布市已经成为全国最大的马铃薯薯条和淀粉加工基地。2023 年 9 月 11 日，内蒙古自治区农牧厅授予乌兰察布市"马铃薯产业发展示范区"称号，"薯都"正由面积大向产业强转变。

### 3. 存在的主要问题

**（1）马铃薯单产偏低** 我区马铃薯单产 3 510 斤/亩，虽高于全国平均水平约 660 斤/亩，但与新疆 5 811 斤/亩、河北 4 227 斤/亩相比单产仍有较大差距，主要原因是生产经营粗放、脱毒种薯普及率低、连续多年种植导致土传病害加重，加之乌兰察布市等主产区灌溉用水受限、耕地地力偏低，制约单产提升，种植户收益不稳定，种植积极性下降。

**（2）现代化储藏设施数量较少** 我区马铃薯储藏设施目前仍以传统储窖为主，一般储窖设施损失率在 15% 以上，而现代化储藏设施损失率小于 5%。我区现代化储藏设施能力目前只有 130 万吨，仅占年产量 20% 左右。

**（3）种薯研发和繁育体系有待健全** 一方面我区虽是种薯第一大产区，但科技创新不足，自主研发能力弱，自主选育品种与生产中使用的专用品种差距较大，特别是缺少优质专用的高淀粉和加工薯条薯片的新品种，部分自主研发的鲜食品种产量、品质、抗病性等与主栽品种存在差距，全区自主品种能够大面积推广的仅有中加 2 号、华颂 7 号、兴佳 2 号、坤元 9 号等，自主品种种植面积约 40 万亩，仅占全区的 12%，急需选育突破性拳头品种。另一方面制种基地发展不规范，种薯生产销售体系不健全，与国家制种基地"五化"（规模化、机械化、标准化、集约化、信息化）要求存在较大差距。缺乏种薯繁育龙头企业，种薯生产中轮作倒茬不到位，部分小企业生产不规范，种薯市场套牌侵权、假冒伪劣等问题难以解决，导致种薯质量良莠不齐。

**（4）加工产品种类不丰富** 虽然全区整体加工能力处于全国领先，但产品种类不丰富，精深加工龙头企业少。一方面加工产品中约 90% 为淀粉、粉条，全区尚无马铃薯变性淀粉及其延伸食品、医疗、化工等高附加值产品生产企业。另一方面马铃薯产地净菜和预制菜加工等处于初级发展阶段，薯条薯片等休闲食品生产方面规模化企业较少。

### 4. 下一步推进举措

总体思路：深入贯彻落实建设国家重要农畜产品生产基地以及"打造乌兰察布马铃薯产业发展示范区，支持更多薯企在千里草原百花齐放"的要求，聚焦"马铃薯百亿级产业扩规提质"的目标。重点突出"一个提升"、建设"二个基地"，即通过提升单产，逐步恢复种植面积；持续做强做优脱毒种薯生产基地，加快建成竞争力强的马铃薯食品加工基地，将"扶贫土豆"变成"致富土豆"，实现由马铃薯产业大区向产业强区迈进。

提出以下几方面推进路径。

**（1）提单产稳面积** 发展规模化、标准化和集约化种植，实施耕地轮作制度，落实 3 年以上轮作制度，控制土传病害。实施优质高效增粮示范区建设，搭建优质高效技术示范平台，推广优质高产抗病专用品种及马铃薯高垄滴灌水肥一体化技术。支持马铃薯种植业"三品一标"基地建设，通过推进以代耕代种、代管代收、全程托管为主的社会化服务，集成推广新品种、新技术、新设备，促进规模集约化经营，大幅提升技术到位率，带动单产提高。力争到 2025 年平均亩产增加到 4 000 斤左右，带动面积恢复至 400 万亩左右。

**（2）建设现代化储藏设施** 支持主产区建设现代化气调库，补贴新建现代化智能气调储藏库，逐步提升我区现代化储藏设施比例，保障商品薯高质量储存，力争到2025年全区现代化储藏设施损失率降到5%以下。通过"补链"，带动上中下游经营主体融入马铃薯全产业链，形成串珠成链、上下衔接、协同推进的发展格局。

**(3) 打造优质种薯繁育基地** 推进察哈尔右翼前旗、四子王旗、牙克石市、正蓝旗4个国家马铃薯区域性良种繁育基地建设，健全完善马铃薯种薯良种繁育体系。支持乌兰察布市等主产区打造"看禾选种"平台。开展种薯质量认证试点工作，强化种薯质量监管检测，保证规模化种植种薯质量检测全覆盖，提高种薯质量，提升种薯品牌价值和市场竞争力。到2025年全区脱毒种薯保持全国领先地位，市场占有率保持在35%以上。通过"壮链"，促进产业主体联合、要素聚合、利益黏合。

**(4) 支持自主新品种研发** 强化科技支撑，坚持政产学研用金结合，鼓励企业投入研发资金，打造创新联合体，促进科技成果转化。组建新品种研发攻关团队，实施马铃薯育种联合攻关，深入实施种业科技创新重大示范工程。支持企业做大做强，通过综合评价，一次性奖励位居前列的本土种薯企业。

**(5) 打造马铃薯食品加工基地** 鼓励重点发展鲜食薯切丝、切片、切块等净菜加工包装上市，延长储存期限。发展马铃薯预制菜，以即食、即烹、即配作为预制菜发展重点，支持主产地区发展油炸薯条、土豆泥粉、速冻薯条等预制菜精深加工，探索开发与本土牛肉、羊肉、莜面等食品搭配的预制菜，打造消费者认可、市场占有率高的预制菜产品。要以扩宽预制菜销售市场为重点，拓展以大型商超、中央厨房、高端客户定制需求为重点的新市场。同时鼓励开发搭配燕麦、酸奶等特色农产品的功能性食品，引领马铃薯产品健康化、休闲化，培育多元化马铃薯食品产业。支持察哈尔右翼后旗当郎忽洞苏木和武川县上秃亥乡2个国家农业产业强镇建设，加快推进察哈尔右翼前旗马铃薯国家现代农业产业园建设。通过"育链"，提升马铃薯产业价值、产品价值，逐步建成马铃薯食品加工生产基地。

**(6) 巩固精深高端加工** 提升主产区马铃薯加工转化水平，重点扶持精深加工。在优势主产区巩固提升精淀粉、全粉及薯条薯片等精深加工优势，逐步扩大薯都凯达等现有大型加工企业生产规模，提升加工产能。鼓励国家和自治区级马铃薯产业化加工龙头企业新建、改扩建精深加工设备，用于生产变性淀粉等高端化、高附加值产品。通过"延链"，吸引规模大、带动强、技术高的精深加工企业入驻，打造马铃薯加工强区，提升产业附加值。

**(7) 培育品牌促进产业发展** 加强"蒙"字标认证，规范马铃薯区域公用品牌体系建设，树牢乌兰察布市"中国薯都"地位。鼓励更多企业走品牌化道路，提升产品价值，发挥马铃薯博物馆等农旅融合作用，延长产业链。制作系列品牌宣传片，借助央视等媒体和各类展会，加强品牌推介，提升品牌知名度和影响力，扩大销售范围，提高市场占有率。

**(8) 强化科技和金融支撑** 鼓励农科教企在马铃薯单产提升、高效节水、病害防控、土壤改良、加工产品等全产业链条方面加大技术研发和推广力度。推动关键技术攻关，打造创新联合体，促进科技成果转化，以科技创新引领马铃薯产业提档升级、赶超进位。强化金融保险支持，出台针对农业特点的金融产品，扩大抵押物范围，鼓励政府性融资担保机构为符合条件的马铃薯加工龙头企业扩大再生产提供贷款担保，降低担保费率，拓宽融资渠道。开展马铃薯价格指数保险保费补贴试点，逐步完善马铃薯金融及保险支持服务体系。

**（9）加强工作机制建设** 一是按照自治区党委、政府决策部署，由政府副主席任"链长"，组建工作专班及专家团队。二是建立部门联席机制，形成"链长"组织，农牧、财政、发改、工信、科技、商务、市场监督管理等部门共同参与的联席制度，研判产业发展，提出政策建议，解决实际问题。三是头部企业担任"链主"，组建马铃薯全产业链"联合体"，促进主体联合、要素聚合、利益黏合，带动上中下游首尾相连、串珠成线、集群成链的发展格局。通过"黏链"，提升马铃薯品种价值、品质价值、品牌价值，增强马铃薯产业韧性。

# 四、重点盟市马铃薯产业发展报告

## （一）乌兰察布市马铃薯产业发展报告

习近平总书记在考察内蒙古时作出"把内蒙古建设成为国家重要农畜产品生产基地"重要指示。党的二十大指出"发展乡村特色产业，拓宽农民增收致富渠道"。马铃薯是乌兰察布市最具特色的乡村产业，经过几十年的培育发展，已发展成为乌兰察布市农牧业经济、农牧民脱贫致富和乡村振兴的主导产业。

### 1. 产业发展优势

**（1）自然优势** 乌兰察布市地处内蒙古自治区中部，气候冷凉，日照充足，雨热同期，土壤洁净，自然气候特点非常适宜马铃薯生长，生产出的马铃薯干物质含量高、品相好、口感面沙，马铃薯干物质含量高达 25％以上，淀粉、维生素 C、矿物质含量高于其他地区，醛类芳香物含量更高，是国内公认的马铃薯产业黄金带。

**（2）政策优势** 习近平总书记在考察内蒙古时作出"把内蒙古建设成为国家重要农畜产品生产基地"重要指示批示。党的二十大指出"发展乡村特色产业，拓宽农民增收致富渠道"，马铃薯是乌兰察布市最具特色的乡村产业。2022 年孙绍骋书记在我市调研时指出"要把小土豆做成大产业"。2023 年王莉霞主席在自治区政府工作报告中提出"支持乌兰察布打造马铃薯产业发展示范区"。

**（3）品牌优势** 2009 年乌兰察布市被中国食品工业协会命名为"中国马铃薯之都"；2018 年乌兰察布马铃薯成功入选第二批"中国特色农产品优势区"；2019 年和 2021 年，乌兰察布马铃薯分别被列入国家农产品地理标志保护工程项目；"乌兰察布马铃薯"区域公用品牌连续 6 年入选"中国品牌价值评价信息榜"；2022 年入选农业农村部农业品牌精品培育计划。

**（4）区位优势** 乌兰察布市位于京津冀、环渤海、呼包银榆三大经济圈结合处，是进入东北、华北、西北三大经济圈和亚欧经济带的枢纽城市，境内京包、集二、集张、集通、大准等铁路纵横交错，京藏、京新、二广高速和 110、208 国道以及呼满省际大通道在市内交会，京呼高铁 2019 年开通，集大高铁开工建设，优越的区位交通为马铃薯运销终端市场提供了快速便捷的条件。

**（5）科研优势** 乌兰察布市马铃薯研究和种薯生产历史悠久，长期实践积累了丰富的技术经验。近年来，培养了一批优秀的学科带头人和技术骨干，先后建成了 5 个马铃薯国家级创新平台：2011 年成功申报农业农村部内蒙古马铃薯科学观测实验站；2017 年 3 月引进马铃薯产业技术体系首席科学家金黎平研究员建设了乌兰察布市马铃薯首席专家工作站；2017 年 8 月成功加入国家马铃薯产业技术体系并成立了乌兰察布综合试验站；2017 年 11 月成立了乌兰察布市马铃薯协同创新中心；2020 年牵头组建了内蒙古马铃薯种业技术创新中心。

**2. 产业发展情况**

2023 年着力实施"马铃薯产业提效增值行动"，推动马铃薯产业转型升级，产业优势进一步凸显，初步核算马铃薯全产业链产值达到 80 亿元，占全区马铃薯产业产值的一半左右。

**(1) 种薯优势更加牢固**

a. 育种方面。争取自治区种业振兴资金 200 万元开展马铃薯育种联合攻关，利用种业振兴"揭榜挂帅"项目资金 220 万元选育马铃薯新品种，2023 年选育新品种 33 个，其中提交农业农村部审核 6 个，目前通过认定并登记注册 1 个。

b. 繁种方面。争取国家制种大县奖励资金 1 000 万元，支持四子王旗巩固提升良种繁育基地建设；争取自治区种业振兴资金 500 万元，支持察哈尔右翼前旗国家级马铃薯良繁基地建设。目前全市良种繁育基地面积稳定在 40 万亩，现有种薯企业 16 家，组培室面积 9.96 万平方米（全国第一）、网室面积 4 146 亩（全区第一）、气雾培面积 123 亩（全国第一），年脱毒苗生产能力 10 亿株、原原种生产能力 20 亿粒，2023 年生产脱毒苗 2.9 亿株、微型薯 4.4 亿粒，原种产量达到 24.5 万吨。

c. 推广方面。在 2022 年打造"看禾选种"平台基础上，2023 年继续在四子王旗、商都县建设 2 个"看禾选种"平台，展示面积 250 亩，展示品种 56 个，搭建了线上看禾选种互动信息平台，带动优良品种应用落地。2023 年希森 6 号全区推广面积超过 100 万亩，中加 7 号全区推广面积突破 10 万亩，成为全区首个享受自治区 500 万元奖励资金的具有自主知识产权的优质新品种。

**(2) 种植面积和产量双提升** 通过政策支持、示范引领、订单种植实现播种面积和产量双提升。

a. 政策支持方面。利用生产者补贴资金 1.69 亿元，对马铃薯种植者进行差异化补贴（薯条加工薯每亩补贴 200 元、淀粉加工薯每亩补贴 150 元、鲜食薯每亩补贴 125 元），引导扩大种植面积。

b. 示范引领方面。争取 2 个绿色高产高效项目和 2 个优质高效增粮行动项目，在察哈尔右翼前旗、察哈尔右翼后旗、四子王旗、商都县开展高垄栽培、浅埋滴灌、测土和测叶柄精准施肥、智能水肥一体化等节水节肥高产技术应用示范，示范区马铃薯亩均单产比临近种植区提升 10% 以上。

c. 订单种植方面。推广"龙头企业＋合作社＋农户＋基地"等模式，鼓励福景堂、蓝威斯顿等加工龙头企业带动合作社、种植大户等新型经营主体建设标准化、规模化的订单种植基地。据统计数据，全市马铃薯种植面积 130.1 万亩、产量 173 万吨，较去年分别增加 17.32 万亩、33 万吨。水地马铃薯亩均单产达到 3 吨以上、旱地亩均单产达到 1 吨，四子王旗吉生太镇前古营村最高单产达到每亩5.3吨。

**（3）加工能力显著提升**

a. 成功申报产业集群项目。通过竞争性遴选，以我市为主体成功争取了阴山马铃薯国家优势特色产业集群，2023年获得中央财政奖补资金1亿元（我市6 000万元），支持包括我市5个旗县在内的全区9个旗县，以企业为重点，建设从种薯到加工产品的产业集群。

b. 壮大龙头企业队伍。自治区及以上级马铃薯龙头企业达到8家，其中国家级2家、自治区级6家，计划再认定3家市级龙头企业。

c. 重大项目投产达效。2023年新建马铃薯大型加工项目8个，其中蓝威斯顿公司12万吨薯条薯饼加工项目、薯都凯达速冻薯条二厂第一条生产线20万吨速冻薯条加工项目、福景堂集团20万吨马铃薯淀粉加工项目（一期10万吨）、蒙淀公司2.5万吨马铃薯淀粉生产线改扩建项目投产达效，新建项目全部投产后，全市马铃薯薯条薯饼加工能力达到90万吨、淀粉全粉加工能力达到50万吨，均超过全国产能的60%，成为全国最大的马铃薯薯条加工基地和马铃薯淀粉生产基地。全市马铃薯加工企业目前发展到37家，马铃薯产品从最初的淀粉增加到目前包括薯条、薯饼、淀粉、全粉、方便粉丝、马铃薯醋、薯纤维、薯蛋白、马铃薯馒头等20多个品类130余种产品，马铃薯加工能力、加工水平和产品多样化全国领先。

**（4）品牌建设取得积极成效**

a. 培育"蒙"字标。新增1家"蒙"字标认证企业（内蒙古民丰种业有限公司），培育3家（土豆集实业集团有限公司、内蒙古薯都凯达食品有限公司、内蒙古蒙薯食品科技有限公司）企业。

b. 强化广告宣传。通过电视、报刊、航空、铁路、公路、公交出租、商超、网络等投放了近3 000块（次）广告宣传，乌兰察布马铃薯登上《人民日报》、新华社、《内蒙古日报》等权威媒体。

c. 组织品牌推介。组织马铃薯企业参加了重庆"渝见京蒙"展会、"长三角"绿色农畜产品推介会、中国国际预制菜产业发展大会、意大利国际果蔬展、中国国际薯业博览会等13场大型产销对接活动并做展示推介，"乌兰察布马铃薯 好土豆非你莫属"影响力持续提升。

**3. 示范区建设进展情况**

2023年1月，王莉霞主席在自治区政府工作报告中提出"支持乌兰察布打造马铃薯产业发展示范区"，围绕自治区为我市确定的目标，我市研究制定印发了《乌兰察布市马铃薯产业发展示范区建设方案》，明确了总体目标、重点任务并全面梳理了国家、自治区、市级共14条产业发展示范区建设支持政策，全力推动马铃薯产业发展示范区"三个中心、三个基地、三个产业园、三个集中区、五个种植示范带"建设，力争将乌兰察布打造成为专用薯品类突出、种植标准规范、加工深度延展、流通体系完善、科研创新领先、产业链条完整、产能超百万吨、产值超百亿元的"双百级"马铃薯产业发展示范区。2023年9月，自治区农牧厅授予我市"自治区马铃薯产业发展示范区"称号。

**（1）"三个中心"方面** 马铃薯科创中心已完成主体工程建设；马铃薯现货交易市场

交易系统、物流系统建设已取得初步进展，正在整合现有资源，在现货市场基础上打造马铃薯电子交易中心；马铃薯产业计量测试中心按照筹建方案加快建设。

（2）"三个基地"方面　察哈尔右翼前旗、四子王旗已初步建成国家级马铃薯良种繁育基地，商都县已具备建设国家区域性马铃薯良种繁育基地的条件，"三个基地"马铃薯脱毒苗生产能力达到 8 亿株、微型薯生产能力达到 16 亿粒。

（3）"三个产业园"方面　察哈尔右翼前旗国家马铃薯现代农业产业园通过农业农村部、财政部考核认定并挂牌，正在积极争取后续建设资金，扩大产业园规模。四子王旗自治区马铃薯现代农牧业产业园已基本完成重点项目建设，通过自治区评审后争取创建国家级产业园。商都县正在编制现代农业产业园项目申报书，积极争取自治区支持。

（4）"三个集中区"方面　蓝威斯顿公司、福景堂集团以及蒙淀公司、土豆集（内蒙古）实业集团有限公司、中加公司等一批精深加工项目建设加快推进，察哈尔右翼前旗薯条薯饼加工集中区、商都县和化德县薯淀粉及变性淀粉加工集中区已初具规模，持续发挥产业集聚效应。兴和县鲜切薯菜品加工集中区正在积极招引相关项目。

（5）"五个种植示范带"方面　在四子王旗、商都县、兴和县、察哈尔右翼后旗、察哈尔右翼前旗等旗县落实马铃薯千亩以上种植示范片 63 个，示范面积 9.6 万亩。

4. 存在的问题

一是科技创新体系不健全，科技带动能力较弱。目前我市虽然培育推广了一些适合本地种植的品种，但因科技实力较弱，新优品种培育尚处于起步阶段，用于加工薯条和彩薯等经济价值高的薯种主要依靠从国外引进。比如加工薯条的大西洋、麦肯、布尔班克等品种均从美国、荷兰等国家引进。从参加研讨会和展会了解的情况来看，今年薯条加工薯种薯在全国范围内大规模缺货。

二是马铃薯种植风险较大，种植收益不稳定。马铃薯价格市场预期不稳定，较其他粮食作物价格跨度大（2022 年以前马铃薯收购价格在每斤 0.45～0.75 元间波动），土地流转费用、化肥等农资价格普遍上涨，马铃薯种植成本持续增加，其中水地种植成本最高达到 3 800 元以上（图 2-7），种植风险较大，种植户收益不稳定。

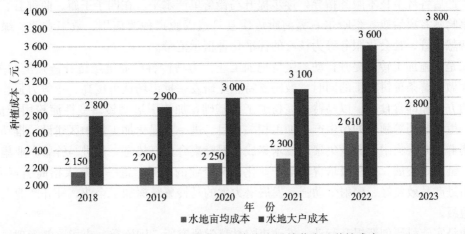

图 2-7　2018—2023 年乌兰察布市马铃薯水地种植成本

三是缺水问题突出，马铃薯增单产扩面积潜力有限。我市水地马铃薯单产水平在 3 吨/亩左右，部分高产品种（如沃土 5 号、希森 6 号）能达到 5 吨/亩以上，从理论上讲，马铃薯增产空间非常可观，但关键是要保证农业灌溉用水，我市地处胡焕庸线以西，年降水量300 毫米左右，境内地表水主要为湖泊，河流奇缺，地下水位下降严重，大规模发展水地马铃薯不符合资源禀赋条件。

四是产业链条建设不完善，产业增值效益较低。我市 37 家马铃薯加工企业中，25 家为淀粉加工等附加值较低的企业，占比 67.5%，马铃薯在食品加工、化工、医疗等高附加值链条上的加工能力不足，产业增值效益发挥不充分。

### 5. 下一步工作

聚焦产业发展存在的问题，发挥优势、补齐短板，在用好支持政策的基础上，全力以赴实施"四个行动"、做好"三个强化"、抓好"两件要事"，扎实推动项目实施见效、工作机制运行高效、产业发展提质增效，全力推进马铃薯全产业链发展取得新突破。

**（1）全产业链发展方面，实施"四个行动"** 具体如下：

一是实施良种繁育提升行动。着力推动品种选育，依托马铃薯产业技术体系首席科学家专家工作站、自治区马铃薯种业创新平台、市农林科研所、市农牧局种子站以及种薯企业等，集中力量选育登记淀粉含量高、适合机械化、特别是抗旱抗病毒性强的具有自主知识产权的专用新品种。鼓励中加、希森、民丰、华颂等种薯企业充分利用现有组培室和网室资源，应用雾培技术、试管薯技术、容器薯技术、基因组技术等马铃薯繁育新技术，创建马铃薯"种子工厂"。强化质量监管，完善种薯质量监管体系，改进种薯检测方法和技术，加强马铃薯良种繁育全过程统一检测、统一管理和统一监督。

二是实施增产提升行动。持续优化种植结构，稳定鲜食薯种植面积，在种薯和加工薯两端发力，利用补贴政策引导，水地重点发展种薯和加工专用薯，旱地依托绿色生态优势，发展绿色、有机鲜食马铃薯。根据当地实际，科学合理逐步恢复种植面积，推动种薯、鲜食薯、加工专用薯"三薯"协同并进。发挥马铃薯"看禾选种"平台试验示范作用，实施好马铃薯绿色高质高效行动、优质高效增粮行动等项目，不断拓展马铃薯产前、产中、产后各环节技术服务指导，逐步提升马铃薯单产水平。在四子王旗、商都县、兴和县、察哈尔右翼后旗、察哈尔右翼前旗等旗县打造以脱毒种薯应用、数字农业、绿色种植、智慧田管、社会化服务等为核心的标准化种植示范带。

三是实施加工转化提升行动。坚持把加工业作为马铃薯产业链延链补链强链的关键，在做大做强薯条薯饼加工的同时，鼓励支持企业研发一批市场认可度高、竞争力强、前景广阔的方便和即食食品。以马铃薯淀粉加工为基础，加快引进马铃薯变性淀粉用于食品、工业、生物制药等领域的衍生产品加工相关项目。进一步强化加工集中区建设，推动形成产业集群、龙头集中、要素集聚、技术集成、保障集合良好势态，促进马铃薯产业集聚性升级、链条式发展。在积极培育本地产业化龙头企业的同时，进一步加大招商引资力度，加快引进产品效益好、辐射带动强、发展潜力大的马铃薯精深加工企业，补齐产业发展不平衡短板。

四是实施科研创新提升行动。推动市农林科学研究所、国资委、市场监督管理局分别牵头加快推进马铃薯科创中心、电子交易中心、产业计量测试中心建设。持续强化科研合作与攻关，积极与农业高校和科研院所对接，建立宽领域、多形式、高层次的合作关系，加强技术培训和人才培养。支持马铃薯龙头企业加大科研投入，重点在马铃薯新品种培育、加工专用薯种植技术、马铃薯食品研发、仓储减损研究、加工废弃物利用等方面攻关突破，加快科研成果转移转化。

**（2）保障措施方面，做好"三个强化"**　具体如下：

一是强化组织领导。成立乌兰察布市马铃薯产业发展示范区建设领导小组，做好示范区建设的统筹协调、调度安排、过程管理等。同步建立联席会议机制，定期研究、协调、解决示范区建设过程中遇到的重大问题。

二是强化资金支持。在提高马铃薯生产者补贴标准、强化科技创新、建设马铃薯产业现代农业产业园和产业集群等方面，继续向国家、自治区争取政策资金。统筹整合债券资金、乡村振兴衔接资金、京蒙协作资金等项目资金投入马铃薯产业发展示范区建设。鼓励社会资本参与马铃薯产业发展示范区建设。引导金融机构加强马铃薯产业金融服务，推动保险企业在马铃薯产业链相关端点创新保险产品，全方位支持马铃薯产业示范区建设。

三是强化人才培养。建立人才引进机制，通过"走出去、请进来"的方式，引进培育一批马铃薯科研人才，增强马铃薯种业自主创新和研发能力。广泛开展马铃薯育种、栽培、检测、营销等各环节技术人员培训，提高从业人员业务技能和队伍素质。强化科技交流合作，将有潜质的专业人才送往国外育种先进地区交流学习，提高专业素质，开阔视野，全面激发地区创新活力。

**（3）重点工作方面，抓好"两件要事"**　具体如下：

一是举办中国马铃薯大会。经过积极申办，我市将于2024年7月举办第25届中国马铃薯大会。为办好大会，尽快成立大会组委会，明确任务分工，推动任务落实，将办会经费纳入财政预算，举全市之力把此次大会办成一个"规模空前大、科技含量高、薯业文化浓"的盛会，助力我市马铃薯产业发展示范区建设，推动马铃薯产业持续、健康、快速、高质量发展。

二是提升"乌兰察布马铃薯"品牌影响力。强化马铃薯企业使用"乌兰察布马铃薯"区域公用品牌商标评审授权，出台补贴政策，对授权用标企业给予补贴。加大"乌兰察布马铃薯"区域公用品牌宣传力度，通过广播、电视、新媒体、广告等形式进行宣传，积极组织参加薯博会、绿博会、农交会等各类展会，在国内大中城市召开"乌兰察布马铃薯"专题推介会，进一步打响"乌兰察布马铃薯　好土豆非你莫属"品牌知名度，增强产业发展动力。

### 6. 意见建议

一是提高马铃薯加工专用薯种植补贴标准。据统计数据，2023年我市马铃薯种植面积130.1万亩，较去年增加17.32万亩，占全区种植面积的1/3左右。我市利用马铃薯生产者补贴资金对马铃薯种植进行差异化补贴，种植薯条薯每亩补贴200元，种植淀粉薯每亩补贴150元，剩余资金用于补贴鲜食薯种植。为引导扩大马铃薯加工专用薯种植面积，2024年计划将薯条薯补贴标准提升至每亩400元，补贴面积提升至12万亩，将淀粉薯补贴标准提升至每亩300元，补贴面积提升至10万亩，需增加补贴资金4 950万元。

二是提高马铃薯加工订单补贴标准。2021年以来，自治区对全区马铃薯加工企业与区内种植户建立稳定利益联结机制，进行标准化种植且形成有效订单的，给予收购主体每吨 20 元补贴。为支持马铃薯加工企业发展，如国家或自治区将马铃薯加工订单补贴标准提升至每吨 40 元，将会进一步提升加工薯种植积极性。

## （二）锡林郭勒盟马铃薯产业发展报告

### 1. 马铃薯产业基本情况

**（1）种植情况**　锡林郭勒盟 2023 年马铃薯种植面积 80.47 万亩，总产 162.9 万吨，平均单产 4 048 斤/亩。滴灌种植面积约 50 万亩，占马铃薯总种植面积的 62%。

**（2）种植品种**　主要有 V7、沃土 5 号、麦肯 1 号、大丰系列、布尔班克、大西洋等。其中，V7（V 系列）种植面积约 35 万亩，占商品薯种植面积 43%；沃土 5 号约 15 万亩，占比 19%；大丰系列（大丰 10、大丰 12）种植面积约 8 万亩，占比 10%；雪川红种植面积约 4 万亩，占比 5%；希森 6 号、冀张薯 12 种植面积 4 万亩，占比 5%；麦肯 1 号、布尔班克、大西洋等加工薯种植面积约 8 万亩，占比 10%。

**（3）销售情况**　目前市场销售价格较好的品种有 V7、沃土 5 号、雪川红、大丰系列，商品薯地头价格在 1.8～2.0 元/千克，其他品种价格在 1.2～1.8 元/千克。

种薯主要为扩繁原种和一级种薯，不同品种价格不同，在 3 000～4 000 元/吨之间。

非商品薯价格在 800～1 200 元/吨之间。按照淀粉含量高低（8.5%～19.5%）确定价格。

**（4）主推技术或主要工作**　以滴灌模式下水肥一体化高效栽培技术为核心，集成脱毒种薯选用、合理轮作倒茬、病虫害综合防控、高垄栽培、水肥一体化、增施有机肥、全程机械化生产作业等优质高效栽培技术。

**（5）主要成效**

①当年生产区域内小农户生产和收益变化情况　小农户生产的马铃薯一般为鲜食薯，用于日常家庭生活食用和饲养牲畜。经调查，2023 年小农户马铃薯生产平均亩成本 1 300～1 600 左右，其中地租 100～300 元、化肥 200～300 元、农家肥（折价）100 元左右、人工 500 元、种子 300 元，其他费用 100 元。每年成本基本持平，仅化肥略有增长，农户也极少数使用，2023 年太仆寺旗大范围干旱，旱地马铃薯几乎没有收益。正常年份每亩收益 100～150 元左右。

②新型经营主体生产投入成本和收益变化情况　马铃薯生产平均亩成本 3 500～4 200 元，其中地租 500～700 元、化肥 800～1 000 元、农药 300～350 元、人工 800～1 000 元、种子 700 元、水电机械 200～250 元、滴灌带 100 元，其他费用 100 元。比 2022 年同期增长 200 元左右。2022 年平均亩成本 3 300～4 000 元，主要增长为地租、化肥、农药和人工，其中地租增长约 80 元左右，化肥增长约 50 元左右，农药增长约 30 元左右，人工增长约 40 元左右。

收益情况，按照当年地头价格，2023 年马铃薯销售价格居于历史最高，鲜食薯平均售价 1 600 元/吨，但部分农户为错峰销售进行贮藏，目前受南方市场影响，近期马铃薯单价 1 000 元/吨，综合鲜食薯平均售价约 1 300 元/吨，新型经营主体按照每亩单产 3～5 吨计算，亩产值 3 900～6 500 元，扣除成本亩纯收入 400～2 300 元。2022 年鲜食薯平均售价 1 200 元/吨，新型经营主体按照每亩单产 3～5 吨计算，亩产值 3 600～7 000 元，扣除成本亩纯收入 300～3 000 元。2023 年加工薯货源紧缺，价格较高，平均价格 2 000 元/吨，较 2022 年 1 600 元/吨，增加 400 元/吨，按照每亩单产 2.5～3.5 吨计算，每亩产值约 5 000～7 000 元，扣除成本亩纯收入约 1 000～2 600 元，较 2022 年同期亩纯收入增长 300～600 元。

**(6) 面积收益变化分析** 2023 年锡林郭勒盟马铃薯种植面积 80.47 万亩，较去年增加 7.52 万亩。主要原因：一是受疫情结束、不再封控等利好消息影响，种植企业和大户种植意愿较高；二是随着近几年马铃薯种植水平在不断提高，品种不断优选更新，机械化、施肥、病虫害防治、节水抗旱水平及能力不断提升，因此马铃薯同其他作物相比，具有良好丰产性、稳产性，种植风险较低，种植意愿较高。

2023 年全盟马铃薯收益较去年增加。主要原因：一是整体平均单产高于去年（2022 年受 8 月 26 日早霜影响较大），病害相对较少，商品性较高；二是前期市场销售价格较高，后期略有回落，但总体价格与去年相比基本持平。

**2. 贮藏加工情况**

**(1) 贮藏库（窖）** 目前全盟马铃薯实际贮藏能力约 100 万吨，企业、专业合作社、种植大户及经销户贮藏能力 90 万吨左右，农户贮藏 10 万吨左右。2023 年全盟马铃薯产量为 162.9 万吨，初步估算收获后地头销售量约占 50%，库存 50% 左右，储存量约为 80 万吨左右，以种植大户储存为主。

**(2) 加工转化情况** 全盟有 12 家马铃薯加工企业，加工能力为 12 万～15 万吨。其中：太仆寺旗 1 家大型加工企业，7 家小型加工企业，年加工能力 3.5 万吨；多伦县 1 家淀粉加工厂，年加工能力 2 万吨；正蓝旗 1 家淀粉加工厂，年加工能力 0.6 万吨；正镶白旗 1 家淀粉加工厂，年加工淀粉 1 万吨；锡林浩特市有 1 家冷冻薯条加工企业，年加工能力 5 万吨。目前全盟马铃薯加工以淀粉加工为主，价格在 800～1 200 元/吨之间，淀粉含量越高价格越高。今年价格与去年基本持平。

**3. 马铃薯产业发展存在问题**

**(1) 生产方面** 一是缺乏品牌优势，市场竞争力薄弱。目前锡林郭勒盟马铃薯虽有一定的规模种植优势，但生产的马铃薯种薯及商品薯缺乏品牌优势。种植的马铃薯品种有限，只有部分鲜食品种和加工品种，没有特色品牌，影响了全盟马铃薯市场竞争力，同时也制约了全盟马铃薯产业发展。二是贮藏、运输能力薄弱。贮藏量、贮藏条件仍然有限，交通不便，致使产品损耗上升，增加了销售成本，影响了种薯、商品薯质量，削弱了锡林郭勒盟马铃薯竞争力。全盟马铃薯储藏设施目前仍以传统储窖为主，占储窖总储量的 80% 左右。一般储窖设施损失率在 15% 以上，而现代化储藏设施损失率小于 5%。全盟现代化储藏设施能力目前只有 18 万吨左右，仅占年产量 12% 左右，有待进一步提档升级，提高储藏设施损失率。

**(2) 加工方面** 缺少马铃薯加工龙头企业，消化转化能力差。现有的马铃薯加工企业，规模较小、产能低、技术较落后，主要以淀粉、全粉等初级产品加工为主，售出价格低、收益小。马铃薯产业链条短，附加值低，不能将马铃薯企业、种植户的经济收益最大化，产业链条脆弱，抗风险能力差，制约了锡林郭勒盟马铃薯产业发展的需要。全盟精深加工龙头企业少，产品种类不足。加工产品中约 70％为淀粉、粉条，净菜和预制菜加工等为空白，薯条薯片等休闲食品生产方面规模化企业较少，尚无马铃薯变性淀粉及其延伸食品、医疗、化工等高附加值产品生产企业。

**（3）市场销售方面** 马铃薯产业链条薄弱，企业、合作社、农户各自为政，产品质量良莠不齐，抗风险能力差；马铃薯市场竞争激烈，价格受市场波动影响大，销售渠道不稳定，这些因素制约了马铃薯产业发展。

**（4）技术支撑等方面** 一是旱地栽培技术水平不高。旱地栽培多为小农户，沿袭传统的种植方式，广种薄收，科技含量低，技术落后，单产水平低，效益差。全盟低水平的旱地面积在 8 万亩左右，急需提高种植水平。二是耕地质量下降，病虫草害问题仍然突出。马铃薯早（晚）疫病多发，土传病害原菌基数连年积累增大，耕地质量仍在不断下降。三是绿色提质增效技术研究及推广有待加强。在节水、控肥、控药、轮作倒茬等方面应用水平有待提高。四是种薯市场管理有待进一步加强。需要进一步强化事中事后监管，提高马铃薯市场监管、田间检测及库检、种子生产备案等，促进公平竞争，维护种业市场良好秩序。

**4. 对马铃薯产业发展预测、需求及下一步工作建议**

**（1）发展目标及思路** 种薯以 22 家种薯企业为重点，围绕育繁推能力建设，支持优质专用新品种选育，规范种薯生产、质量控制和市场监管体系，提升种薯质量，创立种薯品牌。商品薯发挥北方马铃薯品质好、耐储藏的优势，培育商品薯品牌，加强深加工能力建设，提高附加值。

**（2）建议**

①**构建产学研发展格局** 推进职业院校、科研所及农技推广机构和种薯企业合作，不断引进选育更新适合当地种植的优质鲜食和加工品种，加强栽培技术研究。包括旱作马铃薯栽培技术研究和节水减肥减药绿色栽培技术研究。

②**加强区域布局** 针对目前种薯扩繁和商品薯生产没有严格的区域布局，科学规划，合理布局，采取协调规范土地流转、种薯企业投资等措施，有计划、有步骤地推进建设标准的种薯生产基地，逐步形成种薯生产扩繁和商品薯种植科学合理的区域布局。

③**加强市场规范管理** 加强种薯生产和市场监管，逐步形成规范的种薯生产、质量控制和管理体系；同时要做好调入种薯的检疫和质量检测工作，依托种薯生产的地域优势，扩大种薯产能，提高种薯质量。

④**打造地方品牌** 积极打造"锡林郭勒薯"或"北方薯"品牌，提升品牌价值，提高市场竞争力。加快推进绿色、有机及地理标志性产品认证工作。

⑤**加强深加工能力建设** 目前深加工量只占全部产量的 10％左右，大多以初级产品出售，价格低、产业链短、附加值低，直接影响种植效益。积极引进大型马铃薯加工企业，并出台优惠政策，在税收、贷款、土地审批等方面给予优惠，以提高鲜薯就地消化能力，延长产业链，增加附加值，以带动种植户增收。

⑥**加强贮藏能力建设** 为规避销售风险，延长销售缓冲期，抵御市场风险，各级财政要对专业合作社、种植大户建造大型马铃薯贮藏窖给予适度补贴。同时改善马铃薯贮藏条件，为生产提供优质种薯、延长企业加工期奠定基础设施保障。

⑦加强营销能力建设　近几年，马铃薯市场竞争日趋激烈，价格波动不稳，市场对产品种类和质量要求日趋齐全和严格。要利用互联网、农产品交易市场、营销经纪人队伍建设等多种手段，随时掌握市场信息，建立覆盖全国的营销网络，降低种植风险，提高效益。

⑧加快推进马铃薯大数据平台建设　为政府和种植户提供马铃薯种植、贮藏、加工、销售、市场、种薯、品种、技术、病虫害预测预报、防治、肥料、农药等和马铃薯产业相关的信息，提升市场竞争力。

## （三）呼和浩特市马铃薯产业发展报告

马铃薯是呼和浩特市重要的粮食作物，目前已初步形成了集种薯繁育、规模化种植、产业化加工于一体的马铃薯产业发展新格局，成为具有地区经济特色的重要产业，是呼和浩特市发展农村经济、农民脱贫致富的产业之一。

### 1. 产业发展情况

**（1）种植情况**　呼和浩特市作为内蒙古自治区的马铃薯主产区，平均海拔基本在1 000米以上，有效积温1 800～3 000℃之间，无霜期100～140天，全市自然降水规律与马铃薯需水规律基本吻合，有利于马铃薯干物质的积累，生产的马铃薯品质优良，淀粉含量高，含粉率为16%～18%。因此，呼和浩特市马铃薯种薯及商品薯质量上乘，在全国马铃薯生产中占有较大优势。

呼和浩特市马铃薯种植区域主要集中在武川县、清水河县大部分乡镇以及和林格尔县南部山区。据农情调度，2023年全市马铃薯种植面积68.56万亩，其中武川县种植56.63万亩，占比为82.6%；清水河县种植4.61万亩，占比为6.7%；和林格尔县2.98万亩，占比为4.3%。预计2023年全市马铃薯产量为15.09万吨（折粮）。目前全市种植的马铃薯品种主要有冀张薯12、V7、希森6号等品种。2023年全市共有4家马铃薯种薯企业制种，落实制种面积6 900亩，主要分布在武川县、清水河县、和林格尔县。2023年全市马铃薯"看禾选种"平台建设任务落实在武川县，种植面积120亩，共展示示范21个品种，组织现场观摩3次，共计400人次，通过田间鉴评和现场测产，筛选出希森6号、华颂7号等适宜呼和浩特地区种植的优良品种，下一步进行重点推介。

**（2）加工情况**　目前呼和浩特市马铃薯产业已经形成了"种薯、加工薯、鲜食薯"三薯并重和"科研、种植、加工、窖储、销售"五路并进的发展格局。全市共有马铃薯加工企业11家，年加工量约为34万吨，销售收入预计达4亿元以上，加工产品主要以淀粉为主。全市最大的马铃薯加工企业为内蒙古华欧淀粉工业股份有限公司，每年出口1 000吨淀粉，占全国出口量的30%。近年来全市还开发了马铃薯口服液、面膜、饮料等马铃薯深加工产品。

全市现有种薯企业5家，马铃薯物流仓储大中型企业6家，小型物流仓储合作社、种植专业合作社及龙头企业共300多家。

**（3）仓储情况**　武川县马铃薯种植面积占到全市种植面积80%以上，武川县马铃薯仓储能力约35万吨，马铃薯产地初加工补助项目建设仓储窖约2 500座，仓储能力25万吨，加上自建的储窖，总仓储能力35万吨左右。马铃薯产业基本实现了机耕、机播、机收，综合机械化水平超过 90%。

### 2. 项目建设情况

2023 年全市在马铃薯产业方面重点实施的项目为：①武川县马铃薯净菜加工项目。该项目为武川县川宝绿色农产品有限公司投资 2.3 亿元建设，马铃薯恒温保鲜库 2 万平方米；建设马铃薯净菜加工车间，配备马铃薯净菜加工生产线 12 套。目前马铃薯恒温保鲜库、净菜加工车间全部建成；已经购进马铃薯净菜加工生产线 1 条，目前处于试生产阶段。②薯元康马铃薯科技创新产业园项目。该项目为薯元康生物科技公司投资 1.9 亿元建设马铃薯全粉加工生产区，生产薯条等产品。目前园区车间主体结构基本完工，正值冬季，处于停工阶段。

### 3. 存在的问题

一是缺乏马铃薯深加工企业。全市马铃薯深加工企业以加工马铃薯淀粉为主，规模都不大，带动能力不强，无法有效带动全市马铃薯种植发展。马铃薯鲜食薯市场薯价忽高忽低，影响了产业的可持续发展。

二是种薯品质参差不齐。武川县作为全市马铃薯种植重点地区，种薯品质较好，以冀张薯 12、V7、226、希森 6 号等为主，夏坡蒂、费乌瑞它种植面积明显减少，克新 1 号被淘汰。和林格尔县南部山区及清水河县大部分农户由于地区偏远贫穷，农民自身素质较低，消费观念落后，接受新事物、应用新品种能力不强，外加本土规模化的脱毒种薯生产企业少，故新品种推广应用能力较低。

### 4. 下一步措施

一是优质品种繁育。积极争取国家和自治区马铃薯优质品种繁育在资金、项目方面集中扶持。同时支持现有马铃薯繁育企业在原种生产优势区新建标准化原种生产基地，为全市生产、供应原种，为今后扩大一级种扩繁奠定基础。

二是加快新品种选育。联合高校院所，开展技术攻关，加快新品种更新换代，筛选出晚疫病抗性强、结薯集中、商品薯率较高、蛋白质和维生素 C 含量较高等品种，为马铃薯产业发展提供稳产、高产、优质的种源保障。

三是做好脱毒种薯推广及示范。要建立新品种和脱毒种薯展示示范点，集中展示马铃薯新品种和不同级别的脱毒种薯，提高农民对新品种和脱毒种薯增产潜力的认识，提高马铃薯栽培水平。

四是继续做好马铃薯加工。改善和提升马铃薯全粉、薯片、薯条、脆片和膨化食品等加工技术，重点发展膳食纤维、薯渣饲料、马铃薯植物饮料以及马铃薯方便菜肴、膨化休闲类食品等高附加值产品，逐步延伸产业链条，提升加工转化增值率和副产物综合利用水平，实现加工产品多层次、多环节转化增值。

## （四）呼伦贝尔市马铃薯产业发展报告

### 1. 发展现状

#### （1）种植基地情况

①种植面积和产量　呼伦贝尔市种薯种植主要分布在牙克石市、海拉尔区、陈巴尔虎旗，商品薯在全市均有分布。马铃薯种植面积和产量均位于全区前列。2022 年马铃薯种

植面积 47.51 万亩，折粮产量 4.52 亿斤。

②主栽品种 马铃薯品种主要有兴佳 2 号、费乌瑞它、大西洋、冀张薯 12、尤金 2 号等 10 余种，种薯亩均用量达到 300 斤，品质好，产量高，无土传病害和种传病害。

③主推技术 马铃薯主要与小麦和油菜轮作倒茬，技术模式采用"两增五推种植模式"，即增加密度、增施有机肥等措施，大力推广普及全程机械化作业、脱毒种薯应用、测土配方平衡施肥、专用复合肥施用、病虫草害综合防治等技术。栽培技术有两种：一是合理密植高产栽培技术；二是全程大型机械化大垄密植栽培技术。

④种薯 种薯生产企业 15 家，呼垦薯业、兴佳薯业、森峰薯业等种薯企业销售收入达 7 941 万元，2021 年种植面积为 8.41 万亩，平均单产 6 642 斤/亩，产量 27.9 万吨，2022 年种薯播种面积 9.016 6 万亩，预计产量合计 25 万吨（表 2-2）。

表 2-2 马铃薯主栽品种情况

| 品种 | 兴佳2号 | 费乌瑞它 | 大西洋 | 冀张薯12 | 尤金2号 | 维拉斯 | 中薯5号 | 冀张薯8号 | 坤元9号 | 早大白 | 蒙薯21 |
|---|---|---|---|---|---|---|---|---|---|---|---|
| 面积（万亩） | 12.1 | 8.5 | 6.6 | 5.2 | 4.7 | 1.5 | 0.8 | 0.7 | 0.5 | 0.5 | 0.5 |

**(2) 加工销售** 全市鲜薯加工企业共 3 家，自 2019 年，国有企业麦福劳停产后，加工企业由 3 家减少至 2 家，包括鄂温克旗华晟农业和阿荣旗银峰淀粉。加工能力大幅下降，出现较大加工缺口。加工企业销售收入下降至 3 000 万元；加工能力由 21 万吨下降至 9.5 万吨，减少 54.8%；加工量由 5.4 万吨下降至 2.4 万吨，减少 55.5%。截至目前，马铃薯初级加工产品有商品薯、种薯，深加工产品有马铃薯精淀粉、全粉、粉条、粉丝等。种薯主要销往山东、河北、陕西等 19 个省份。商品薯主要销往呼和浩特及贵州、山东、山西、辽宁、吉林、浙江、四川等 20 个省份。目前呼伦贝尔马铃薯销售区已覆盖全国 90% 以上省份。

**(3) 仓储物流** 全市现有大中型种薯储窖 100 余个，农民自有的小型储窖较多，全市储藏能力约 100 万吨以上，其中牙克石市现有马铃薯仓储面积 35 万平方米，总贮藏能力约 40 万吨，海拉尔区马铃薯贮藏能力 18 万吨。

**(4) 品牌建设** 全力打造"呼伦贝尔马铃薯"区域公用品牌，成功注册地理标志集体商标，已连续两年荣获"中国农产品百强标志性品牌"，区域公用品牌已授权呼垦薯业、华晟农业、兴佳、森锋等 6 家企业使用推广。"牙克石马铃薯"、"阿荣马铃薯"入选农业农村部农产品地理标志登记保护，特别是"牙克石马铃薯"已被国家技术监督管理总局授权 TM 标志。认证绿色食品总数量达到 5 个。

**(5) 政策扶持** 市政府相继制定《呼伦贝尔市国家级马铃薯区域性良种繁育基地发展规划》、《呼伦贝尔市现代薯业崛起规划》。2019—2021 年中央财政连续 3 年制种大县奖励资金 6 000 万元用于牙克石市国家马铃薯良种繁育基地建设。2019 年投资 1 000 万元，支持农垦马铃薯区域性良种繁育基地建设。2021 年落实马铃薯脱毒种薯补贴 221.43 元/亩，马铃薯商品薯补贴 110.72 元/亩。

**2. 存在问题**

**(1) 加工流通延链亟待突破** 马铃薯加工产业链主体较少，仅有 2 家企业。链主规模小，加工能力不足，产品单一，主食类产品以及薯条、薯片等精深加工不足，大多停留在"原字号"、"初字号"阶段。

**（2）品牌价值链亟待提升** 近年来，虽然在"呼伦贝尔马铃薯"区域公用品牌建设上做了很多文章，但品牌效应仍然不显著，宣传力度不够，存在优质不优价问题。

**（3）科技创新补链亟待加强** 目前在全市种植、市场欢迎度较高的荷兰薯、尤金、大西洋系列均为国外品种，其余的克新、兴佳等品种也为黑龙江等地品种，科技创新方面有待提升。在新品种选育方面，需加快选育推广适应呼伦贝尔市生产条件和市场需求的优质新品种。

**（4）园区培育强链亟待完善** 以兴佳薯业为主，已在牙克石市国家马铃薯良种繁育基地，建成自治区级马铃薯科技园区。但投入不足，对标马铃薯早熟、高产、高效、绿色栽培模式的高标准示范园区仍有差距。对标育种能力强、生产加工技术先进、市场营销网络健全、技术服务到位的园区仍有差距。

### 3. 下一步发展思路

按照马铃薯产业加工流通延链、科技创新补链、园区培育强链的发展思路，形成产业上游抓基地，中游抓加工，下游抓营销的发展格局。

**（1）上游强基地** 按照"标准化、规模化、集约化、机械化"的基地建设要求，坚持市场需求导向，推动种薯、商品薯、加工薯协调发展。一是种薯基地。在岭西牙克石市、海拉尔区等地，依托国家马铃薯制种大县奖补项目和现代种业提升工程项目，通过建设现代化种薯繁育中心、标准化种薯生产基地、种薯质量检测与追溯体系等，打造全国知名的脱毒种薯供应基地，促进脱毒种薯和优良品种的繁育、引进、推广、应用。二是商品薯基地。在岭东扎兰屯市、阿荣旗等地，通过扶持马铃薯家庭农场、种植大户等方式，推进社会化服务体系建设，鼓励农村土地流转，逐步扩大种植大户、专业合作社、家庭农场规模，支持马铃薯商品薯、加工薯规模化种植，建设商品薯生产基地。三是加工薯基地。大力推广"龙头企业＋合作社＋农户"等利益联结模式，通过订单生产建设加工薯原料基地。支持华晟农业"企业＋基地＋农户"订单生产方式，鼓励农户种植多品类专用型加工薯，建设10万亩专用加工薯标准化示范基地。

**（2）中游强加工流通** 一是培育壮大龙头企业。重点围绕华晟农业，培育马铃薯种薯和加工领域的龙头企业。充分发挥马铃薯链主企业产业链条长、带动能力强的特点。通过自治区农牧业产业化项目等扶持政策，加大技术改造、产品研发和设备引进。按照全产业链发展模式，积极争取马铃薯国家优势特色产业集群项目，加快培育马铃薯产业集群。二是加大招商引资力度。聚焦加工能力缺口问题，主要引进淀粉类和主食类产品的精深加工企业。开发薯条、薯片、方便主食等多元化马铃薯产品，延伸加工链条。

**（3）下游强市场营销** 一是加快推进品牌建设。聚焦马铃薯种薯，以内蒙古农牧业品牌为面，"呼伦贝尔马铃薯"区域公用品牌为线，"牙克石种薯"、"阿荣旗马铃薯"等旗级品牌为点，形成"点线面"结合，协同发力的自治区级、市级、旗级品牌建设三级联动模式。同时，积极参与薯博会等展会，提高全市马铃薯知名度和市场影响力。二是打开销售渠道。加强区域合作发展，推动山东等域外马铃薯加工企业与本地企业合作，形成订单生产，促进一体化发展。三是推动一二三产融合。挖掘产品特色和文化内涵，重点依托牙克石市、扎兰屯市、鄂温克族自治旗等地农家乐、休闲农庄、中国美丽休闲乡村等，推进马铃薯产业与文旅融合发展，探索产业体验、旅游产品开发等。

## （五）包头市马铃薯产业发展报告

包头市马铃薯产区比较集中，以山北地区达尔罕茂明安联合旗、固阳县为优势主产区，种植面积占全市的95%以上，产量占90%以上。据农情统计，2023年全市马铃薯播种面积10.49万亩，产量2.76万吨（折粮）。主要种植品种有：西森系列、沃土5号、V7等。脱毒种薯使用率在98%以上，种植模式以高垄浅埋滴灌为主，2023年马铃薯产业发展情况如下：

### 1. 进展情况

**（1）产业集群项目情况**　2023年包头市获批新建内蒙古阴山马铃薯优势特色产业集群，项目资金1 000万元。项目进展情况如下：一是内蒙古爱峰食品科技有限责任公司。中央财政资金用于马铃薯粉条车间1 600平方米房顶维修工程已完成，自筹资金用于建设马铃薯粉条车间3 750平方米，已完成40%，预计2024年10月完成；二是包头市娃姐马铃薯产业有限责任公司。中央财政资金用于建设马铃薯主粮化深加工设备生产线已完成，自筹资金用于4 000平方米车间升级改造已完成，马铃薯深加工设备购置及冷库建设已完成；三是内蒙古鑫宇珠食品有限公司。中央财政资金用于建设马铃薯主粮化深加工设备生产线已完成，自筹资金用于800平方米车间升级改造，目前已完成50%，实验室改造已完成，预计2024年6月全部完成；四是内蒙古乐薯食品有限公司。中央财政资金用于建设马铃薯主粮化深加工设备生产线已完成，自筹资金用于2 000平方米车间升级改造已完成，1个速冻库建设完成；五是内蒙古蒙地道商贸有限责任公司。中央财政资金用于马铃薯冷库建设，更换维修马铃薯仓储库顶6 100平方米已完成40%，自筹资金用于建设2 240平方米冷库设备已预订，马铃薯仓储库顶维修15 500平方米已完成20%，预计2024年10月完成；六是蒙典农牧业科技发展有限公司。中央财政资金用于马铃薯冷库建设，540平方米马铃薯仓储库建设已完成，自筹资金用于1 560平方米冷库功能区划分和电气改造设备已预订，1 200平方米马铃薯仓储库建设已完成20%，预计2024年10月完成。

**（2）种薯生产情况**　全市具有农作物种子生产经营许可企业12家，其中，马铃薯种薯企业1家，为固阳县精诚脱毒马铃薯种薯繁育中心。2023年全市农作物良种繁育面积4 620亩，其中，马铃薯良种繁育面积2 800亩，主要分布在达尔罕茂明安联合旗和固阳县。全市马铃薯优质种薯生产能力和脱毒种薯质量水平实现双提升。达茂旗和固阳县重点打造马铃薯种薯产业，形成了"企业+合作社+基地+农户"的生产经营模式，大幅度提升马铃薯产量和品质，提高市场知名度和竞争力，为马铃薯产业发展奠定坚实基础。目前年生产微型薯800万粒，马铃薯原种和一级种薯7 000吨。

**（3）综合生产情况**　包头市马铃薯产业在内蒙古田丰农牧公司、固阳精诚脱毒马铃薯种薯繁育中心等龙头企业的带动下，已形成涵盖病毒检测、薯品展览、仓储、交割、运输、分级包装、深加工、办公生活及县域特色产业孵化等功能的园区综合体。园区规划为七大产业发展板块，包括：微型薯、种薯生产板块；商品薯种植板块；高原旱作粮食加工板块；无矾鲜粉及系列干粉板块；马铃薯腌酱菜佐餐食品板块；方便、休闲食品板块；仓储、物流、电商板块。同时，金融、通信、农资农药、农机汽车、餐饮住宿等行业企业均优选入驻园区，正在向集马铃薯仓储物流交易，马铃薯新品种开发，马铃薯深加工和其他农产品深加工以及经营为一体的跨地区、跨行业、基地型现代化农业产业化综合经济体迈进。

### 2. 产业优势

**（1）产地优势**　初步形成了以达尔罕茂明安联合旗农区的乌克镇、石宝镇，固阳县金山镇、下湿壕镇、银号镇、怀朔镇等为优势的种植区域。地处阴山北部，气候冷凉，昼夜温差大，日照时间长，辐射强度大，具有春季干旱少雨、七八月雨热同季、降雨集中的天气特点，这种气候非常适合在冷凉山区及高海拔地带生长的马铃薯的种植。冬季寒冷干燥，风速大，传毒媒介少，利于杀死土壤中的致病菌，所以该地区病虫害发生频率低，具有生产种薯得天独厚的优势，对马铃薯生长发育极为有利，因此，马铃薯也成为该地区种植业生产的主导产业和农业增效、农民增收的有效途径。

**（2）育种优势**　以固阳县精诚脱毒马铃薯种薯繁育中心为代表的包头市种薯繁育企业，具有较高的种薯繁育水平，是内蒙古地区呼和浩特以西最大的种薯繁育中心，成为包头本地及周边盟市马铃薯种植户购买种薯的优先选择之一。

**（3）产品优势**　主产区土壤多为栗钙土，土质疏松，平均海拔 1 300 米左右，在马铃薯生长需水量最大的结薯期降水量占全年的 70%，这一时期平均气温 17～21℃，生产的马铃薯干物质含量高，块大、整齐、表皮光滑、无污染、退化轻、病虫害少。薯块≥150 克，蛋白质≥2.0%，淀粉含量≥14%，还原糖≤0.8%，干物质含量≥20%，口感好，耐储存，适用于鲜食。

**（4）加工优势**　包头市从事马铃薯产业的重点龙头企业有 5 家，产业化示范联合体 3 家，以内蒙古田丰农牧有限责任公司为代表的马铃薯加工企业、联合体等具备年加工马铃薯 20 万吨的能力，马铃薯加工产品有 100 种以上，通过线上线下等多种销售渠道，将马铃薯产品销往全国各地。

**（5）联结优势**　围绕马铃薯产业发展，通过政府引导，新型经营主体广泛参与的利益联结模式基本形成。目前有入股分红、订单生产等多种利益联结模式，带动马铃薯种植合作社、家庭农场和种植户进入产业链条。同时，支持企业以资金、技术入股，农户以土地、劳力折价入股。形成"风险共担、利益共享、功能互补"的利益共同体，实现企业与农户捆绑发展，共同受益。以龙头企业为引领，大力开展"龙头企业＋农业专业合作社十农户"运营模式，与合作社和农户签订农产品购销合同，合理确定收购底价和产品质量，形成定向供销关系。

### 3. 存在问题

**（1）农田基础设施薄弱**　马铃薯主产区固阳县，农业生态条件脆弱，综合生产能力低，基础设施投入少，加之有机肥投入不足，地力得不到有效提升，不能满足马铃薯产业健康发展需求。基础设施条件稍好且有滴、喷灌的地块，马铃薯商品性较好，价格相对较高；基础设施条件差的旱地马铃薯单产低，商品性较差。基础设施薄弱是产业发展中的薄弱环节。

**（2）政策扶持力度不够**　尽管全市马铃薯产业有了一定的发展基础，但马铃薯与玉米等粮食作物相比，仅是将马铃薯纳入农业政策性保险范围，特别是固阳县和达尔罕茂明安联合旗，马铃薯生产近年来呈下降趋势，农民种植马铃薯的积极性不高。

**(3) 科研育种能力不足**　全市种薯繁育单位少，种薯生产过程相对严格，耗时长、程序繁、环节多，对种薯生产企业要求较高。包头市马铃薯科研育种能力与产业发展需求还有一定差距，从事马铃薯育种与推广体系科研的仅有包头市农牧科学技术研究所，自主知识产权品种匮乏，突破性品种较少，全市种植品种多数是国外或区外引进。

**(4) 技术标准亟须提高**　马铃薯主产区重、迎茬种植现象普遍存在，土传病害有逐年加重态势，严重影响商品薯和种薯质量。化肥农药高效利用技术需要进一步提高。全市马铃薯化肥农药利用效率相比以往有了较大幅度提升，但相对偏低，部分散户存在大水大肥现象，水肥高效利用创新和集成有待进一步提高，肥药科学使用标准及减施技术普及率也有待进一步提高，迫切需要构建区域性马铃薯绿色丰产标准技术体系，以保障马铃薯产业可持续发展。

**(5) 市场价格波动较大**　近年来，受多方面因素影响，马铃薯产地销售价格低而不稳，卖难滞销情况频发，种植收益波动较大。全市近几年秋季产地马铃薯鲜薯平均价格低，马铃薯种植户及相关企业损失较大。同时受品牌创建、营销网络建设、广告宣传投入严重不足等影响，马铃薯优质优价难以实现，极大挫伤了马铃薯种植者的积极性，马铃薯生产受到严重冲击。

**(6) 产业化程度较低**　除田丰公司之外，其他的马铃薯加工企业不仅规模小，而且处于初加工层次，加工品种较少，尤其淀粉加工企业产量少，加工效率低。多数企业加工产品多为粗制品，设备规模、工艺技术科技含量等方面远远不能满足市场需要，存在着"小、少、低、差"等问题，产业链条不长，影响马铃薯产业发展壮大。

**(7) 运输成本高**　马铃薯从产地运送到市区或自治区外存在运输成本较高问题。同时，由于马铃薯价格比较透明，产品加工程度、产品附加值和利润均相对较低，更加难以负担马铃薯运输过程中产生的运输费用和人工费用。

**4. 对策建议**

**(1) 优化产业布局**　一是坚持量水而行、协调发展，打造以固阳县、达尔罕茂明安联合旗为重点的阴山北麓马铃薯产业带，提高优势区域集中度。通过高标准农田建设、耕地轮作等项目的实施，改善马铃薯主产区生产基础条件。二是优化区域布局。做强做大种薯，做优做靓鲜食薯，做深做精加工专用薯。打造脱毒种薯繁育基地，扩大"北繁南种"规模，同时，积极培育加工专用薯和商品薯基地，2023年马铃薯种植面积达15万亩。

**(2) 做强种薯产业**　依托包头市农牧科学技术研究所科研团队和科研力量，加快推进新品种选育创新、种薯繁育基地建设和保护力度。积极扶持种薯企业做大做强和努力提升种薯质量水平，加强脱毒苗、原原种（微型薯）、原种、一级种薯全程质量管控，强化种薯生产经营监管，加大对调入脱毒种薯的检验检疫力度，严格执行不合格种薯降级或转商制度，健全种薯质量追溯体系，严厉打击违法违规生产经营种薯行为。依托现有种薯企业内蒙古田丰农牧有限责任公司，扩大规模打造年产3 000万粒微型薯生产基地。

**(3) 推行绿色生产**　认真落实"四控"行动，即控肥增效、控药减害、控水降耗、控膜减污。另外，依托耕地轮作等项目积极开展轮作，执行3年轮作模式，强制种薯生产基地严格执行 4 年以上轮作，通过轮作倒茬控制马铃薯土传病害，提高种薯质量，促进马铃薯产业持续健康发展。

**（4）提高加工水平**　借鉴甘肃省定西市在马铃薯种植、精深加工方面的经验，积极对接引进甘肃蓝天马铃薯产业发展有限公司、北大荒马铃薯集团有限公司，重点支持田丰农牧有限责任公司、双友食品有限公司等本地企业，打造马铃薯优质种薯繁育基地，在淀粉及淀粉制品加工方面，重点发展提高马铃薯复合粉、马铃薯精淀粉的生产能力。积极组织固阳县、达尔罕茂明安联合旗以马铃薯为主导产业申报国家马铃薯产业集群项目，以项目为引领，以龙头为带动，促进全市马铃薯产业高质量发展。

## （六）赤峰市马铃薯产业发展报告

马铃薯是赤峰市传统优势特色农作物，产业基础良好，综合生产能力强。近年来，为全力推动全市马铃薯产业做大做强，赤峰市依据自治区建设马铃薯全产业链规划，围绕自治区"马铃薯百亿级产业扩规提质"目标，积极推动马铃薯产业链建设。通过政策支持和强化项目引导，不断整合资源，着力推良种、稳规模、保加工、促产销、提单产，持续做强做优脱毒种薯生产基地，加快建成竞争力强的马铃薯全产业链。

### 1. 马铃薯产业发展现状

**（1）种植情况**　2023 年全市马铃薯种植面积为 25.1 万亩，产量达到 2.7 亿斤，较上年增产 0.43 亿斤，赤峰市马铃薯产量居全区第五位。据农情统计，克什克腾旗马铃薯种植面积达到 18 万亩，居全市首位。喀喇沁旗、翁牛特旗马铃薯种植面积均达到 3 万亩以上，居全市前列。2023 年全市马铃薯总产值约为 2.2 亿元。

**（2）制种情况**　马铃薯生长发育需要冷凉低温，全市马铃薯制种地点主要分布在克什克腾旗。克什克腾旗位于内蒙古东部、赤峰市西北部，气候四季分明，昼夜温差大，平均海拔 1 100 米，属中温带大陆性季风气候，年平均气温 2～4℃，年日照 2 600～2 900 小时，无霜期 90～130 天，年降雨量 350～500 毫米，适宜马铃薯生长。赤峰市现有克什克腾旗腾丰马铃薯种业有限责任公司、克什克腾雪川农牧业科技有限公司、内蒙古民悦君丰农牧科技发展有限公司和内蒙古华颂农业科技有限公司 4 家马铃薯制种公司。2023 年制种面积为 2.1 万亩，主要优势品种为太平洋、冀张薯 12、雪育系列、雪川系列、费乌瑞它、珍妮等 8 个品种。

**（3）加工情况**　据自治区农牧业产业化数据报送系统显示，全市农牧业产业化马铃薯产业销售收入 500 万元规模以上加工企业 7 家，分别为：内蒙古蒙森农业科技股份有限公司、赤峰市众强食品有限公司、克什克腾旗林原马铃薯开发有限公司、赤峰双益淀粉厂、克什克腾旗精诚土畜产品有限责任公司、内蒙古凌志马铃薯科技股份有限公司、林西县五十家子镇大马金粉条加工厂，年总销售收入达到 2.1 亿元，总产值为 2.3 亿元。设备年加工能力达到 52.3 万吨，年实际加工量达到 11.5 万吨。主要产品为马铃薯淀粉、精淀粉、粉条、粉丝等，带动农牧户 13 270 户以上。

**（4）政策完善情况**　结合全市实际，针对提升马铃薯单产，提高科技支撑能力等问题，制定了《2023 年推进马铃薯全产业链发展实施方案（试行）》。

**（5）项目建设情况**　2023 年优质高效增粮项目马铃薯千亩示范片落实在克什克腾旗

芝瑞镇富盛永村，落实项目区 1 000 亩，其中：技术攻关区 50 亩，评比展示区 80 亩，示范推广区 870 亩，辐射带动面积 10 万亩。主推大垄高台无膜浅埋滴灌水肥一体化技术模式，开展品种展示、密度展示、灌溉方式展示和不同农药试验展示，以及不同肥料不同施肥方式对比和新型抗旱保水材料对比的技术攻关。通过技术培训、实地指导、三区引领，辐射带动全旗马铃薯均衡增产。马铃薯示范片亩株数 3 765 株，平均单产 9 702 斤/亩，亩增产 1 340 斤，增产率 16％，总增产 670 吨。据农情预测，2023 年克什克腾旗马铃薯产量预计达到 1.6 亿斤，居全市首位。

### 2. 存在的问题

一是马铃薯单产偏低。2023 年全市马铃薯单产为 1 078.6 斤/亩，虽较 2022 年单产提高了 170.38 斤/亩，但与全区马铃薯平均单产 3 274 斤/亩相比仍有较大差距，主要原因是生产经营粗放、耕地地力偏低、脱毒种薯普及率低等因素，制约全市马铃薯单产的提升。

二是薯类育种和繁育体系仍需健全。全市马铃薯产业科技创新能力不足，自主研发能力较弱，缺少加工薯条、薯片等产品的优质专用新品种，急需选育马铃薯优质品种。种薯生产销售体系不健全，制种基地发展仍有待规范，与国家制种基地"五化"（规模化、机械化、标准化、集约化、信息化）要求存在较大差距。部分小企业生产不规范，缺乏种薯繁育龙头企业。

三是加工产品种类有待丰富。虽然全市马铃薯产业发展稳中向好，但马铃薯精深加工企业较少，产品种类仍有待丰富。主要加工产品为马铃薯淀粉、粉条等产品，缺乏马铃薯高附加值产品生产企业，薯条、薯片等休闲食品生产方面规模化企业较少。

### 3. 下一步工作计划

一是强化保障措施。以链式思维谋划产业发展，着力在延链、强链、补链上下功夫，建立完善工作机制，强化保障措施，确保马铃薯产业链各项建设任务整体推进、全面落实。

二是努力争取提高马铃薯单产。依托优质高效增粮示范行动等项目，重点围绕推技术、提单产，因地制宜集成示范推广大垄高台无膜浅埋滴灌水肥一体化等高产高效栽培技术模式，打牢马铃薯中长期单产提升基础。

三是切实发挥项目示范引领作用。加强项目监管，做好试验示范数据分析汇总、绩效考评等工作，挖掘任务实施中的有效做法和成功经验，总结典型技术模式，为"中国饭碗"持续提供优质粮。

四是积极打造马铃薯优质品牌。加强与主流媒体以及盒马鲜生、央广购物、东方甄选等电商直播平台深度合作，宣传推介全市优质马铃薯产品，积极引进优质马铃薯育种和繁育企业，进一步提高马铃薯多元化产品知名度和附加价值。

# 第三章　大豆产业链发展报告

## 一、全球大豆产业发展情况

### 1. 全球大豆产业现状

**（1）生产情况**　目前全球有 50 多个国家和地区种植大豆，年均种植面积约 19 亿亩，大豆种植面积、产量相对较多的国家为巴西、美国、阿根廷、印度、中国、俄罗斯、加拿大、乌克兰、玻利维亚、乌拉圭、印度尼西亚等。2022 年全球大豆产量 3.7 亿吨，巴西、美国、阿根廷、中国大豆产量位列全球前四，分别为 1.30 亿吨、1.22 亿吨、0.44 亿吨、0.20 亿吨。2022 年全球各国大豆进口量约为 1.57 亿吨。

自 2001 年以来，大豆消费年均增长率为 3.7%，2022 年全球大豆消费量约为 3.66 亿吨，其中中国、美国、巴西位居前三，消费量分别为 1.17 亿吨、0.64 亿吨、0.55 亿吨。（图 3-1）

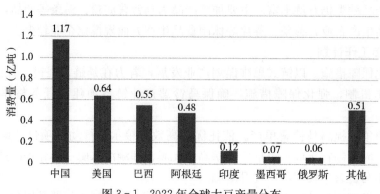

图 3-1　2022 年全球大豆产量分布

**（2）生物育种方面**　20 世纪 80 年代，美国孟山都公司（现被拜耳收购）通过基因技术培育出抗草甘膦转基因大豆，1996 年获得商业化种植，随后凭借成本和产量优势在世界范围内获得大规模推广。转基因大豆按不同的性状与功能分为耐除草剂、抗虫、抗病、品质改良（高油酸、低亚麻酸、富含 ω-3 脂肪酸）等类型，其中应用范围最大的是抗草甘膦转基因大豆。从 1996 年到 2018 年，全球转基因大豆种植面积持续增加，截至 2022 年全球转基因大豆种植面积高达 9 890 万公顷，占全部转基因作物种植面积的 48.9%。转基因大豆种植面积最多的 3 个国家分别是美国、巴西和阿根廷，三国面积之和超全球转基因大豆总面积的 90%。

### 2. 主产国发展现状

**（1）美国**　美国大豆种植主要集中在中部平原和密西西比河流域附近，各州耕地面积 20%～45%均种植大豆，其中印第安纳、俄亥俄、伊利诺伊、密西西比等州比重均超过 40%，美国大豆的国内行情指标"IOM 大豆"就是由印第安纳、俄亥俄和密歇根 3 个大豆主产区的英文首字母构成。2022 年美国大豆种植面积为 3 493 万公顷，较上年增加 150 万公顷，增幅 4.5%，大豆单产较上年上升 1.5%，达 3.48 吨/公顷，总产量 12 153 万吨，创历史新高。2022 年美国大豆出口量 5 872 万吨，较上年减少 294 万吨，占全球大豆出口总量的 38.2%。美国大豆产量约一半用于国内压榨、种用等消费，另一半除库存外基本用于出口，美国大豆出口总量约 60%卖到中国，中国是全球大豆也是美国大豆头号买家。

发展历程：20 世纪初，美国出现油脂短缺问题，开始加大对华的大豆引种力度，至此大豆在美国开始站稳脚跟，但此时美国大豆主要还是依赖东亚进口；二战期间，日本切断东亚对美国运输大豆的交通线，为应对日本封锁，1942 年美国农业部将大豆提高到了可以赢得战争胜利的战略地位，在联邦政府大豆价格支持计划补贴下，美国大豆种植面积从 1941 年的 600 万英亩（1 英亩≈6.07 亩）迅速发展到了 1942 年的 1 000 万英亩，为打消豆农的顾虑，美国政府制定了一系列的高价回收计划，美国国际大豆市场份额实现了从 3%飙升到 46.5%，大豆产量超过中国，成为全球最大的大豆生产国，一直保持到今天。1973 年大豆已经成为美国的头号经济作物，并领先于小麦和玉米。自从 20 世纪 80 年代以来，美国大豆无论单产还是总产，都呈现出台阶式增长的格局。其中单产大幅增长的周期约为 6～8 年，总产量大幅增长的周期要略微长一些，约为 10 年左右，依靠这种"蚂蚁搬家"式的上升，美国大豆在产量上逐步取得了压倒性的优势。

支持政策：

大豆生产贷款项目：在美国，政府扶持大豆贷款主要有两种方式：营销补助贷款和贷款差价补贴。1990 年美国开始实施大豆市场贷款项目，豆农还贷时，如果按照市场上的大豆价格获得的收入低于贷款额，那么豆农无须还清全额贷款，只需按当地公布的价格还款，对大豆产业发展起到了关键作用。大豆补贴政策。如 2002 年《农场法案》明确美国大豆生产者可获得 0.44 美元/蒲式耳（1 蒲式耳约合 27.216 千克）的直接补贴。2008 年《农场法案》中又给予美国大豆生产者 5.8 美元/蒲式耳的目标价格补贴，新的补贴价格提高了豆农种植的积极性。

大豆生产政府补贴项目：依据 2002 年美国农业法，美国政府的大豆补贴主要分两类：一类是直接补贴，即直接给予大豆生产者补贴，包括市场营销贷款补贴贷款、差价补贴、直接补贴和反周期补贴等；另一类是政府提供的服务支持，包括大豆研究、技术改进、病虫害防治和检测检验等方面的支持，这项服务支持对美国大豆的生产影响力更大。

出口信用保证项目和国外市场发展项目：美国为促进大豆出口，开展国外市场发展项目，主要为帮助大豆产业发展，保持和扩大长期的国外市场，增强农产品出口的竞争力，出台了出口信用保证项目和国外市场发展项目等用于扩大农产品出口，另外还帮助大豆企业积极开拓国外市场，为其提供市场调研、产品促销、技术支持等服务。

芝加哥期货交易所（CBOT）：芝加哥期货交易所是当前世界上最具代表性的农产品

交易所。1848 年由 82 位谷物交易商发起组建了芝加哥期货交易所，1865 年用标准的期货合约取代了远期合同，并实行了保证金制度。芝加哥期货交易所除提供玉米、大豆、小麦等农产品期货交易外，还为中长期美国政府债券、股票指数、市政债券指数、黄金和白银等提供期货交易市场，并提供农产品、金融及金属的期权交易。芝加哥期货交易所的玉米、大豆、小麦等品种的期货价格，不仅成为美国农业生产、加工的重要参考价格，而且成为国际农产品贸易中的权威价格。2022 年因全球大豆供应偏紧格局延续，叠加疫情、地缘政治、资金以及天气炒作等因素，芝加哥期货交易所大豆价格整体处于历史较高水平，且波动幅度较大。大豆主力合约价格收于 1 524.25 美分/蒲式耳，较 2021 年底 1 339.75 美分/蒲式耳上涨 13.8%（图 3-2）。

图 3-2　2022 年 CBOT 大豆期货价格走势

美国大豆产业发展优势：一是高度机械化和规模化。美国的大豆主要集中在密西西比河流域以及中部的平原地带，该地区土壤肥沃，日照充足，水热适宜，种植区域高度集中，便于开展机械作业和规模化农场经营。二是转基因大豆品种的大面积应用。美国种植的大豆绝大多数都是转基因大豆，具有很强的抗药性，对除草剂等农药抗性强，因此减轻了虫害损失。相关研究指出，美国的转基因大豆的种植面积每增加 10%，总产量就将增加 1.7%，增产效果明显。

**（2）巴西**　巴西 26 个州和一个联邦区中有 19 个州生产大豆，主产区位于中南部高原的中西部和亚马逊平原的西部地区，5 个大豆主产州分别为马托格罗索州、巴拉那州、南里奥格兰德州、南马托格罗索州以及戈亚斯州，其中马托格罗索州大豆产量占巴西大豆总产量的 29%。巴西大豆播种一般从当年 10 月开始，收割期大约从次年 3 月开始，一年两熟。2022 年巴西大豆播种面积继续增长，增加至 4 150 万公顷，但受干旱天气影响，单产大幅下降 11.6%，为 3.12 吨/公顷，使得大豆产量降至 12 950 万吨。2022 年巴西大豆出口总量 7 914 万吨，全球出口总量占比首次超过 50%。

发展历程：从 2013 年起，巴西超越美国成为我国第一大大豆进口来源国，并保持至今。巴西的大豆种植史开始于 1882 年，当时只在南部地区的南里奥格兰德州有零星种植，因那里的气候条件与美国南部相似，便于参考复制大豆种植模式和技术。1908

年日本移民的到来，丰富了巴西劳动力，使得大豆的种植面积得到增加，但当时的大豆品种只适于种在南部地区，所以大豆的种植面积和产量没有爆发性增加。根据南里奥格兰德州农业年鉴记载，1941 年大豆种植面积只有 640 公顷，产量为 450 吨。随着引进美国大豆技术和国内科研机构的努力，巴西研发出了适应国内气候的新品种，特别是研发出了适应中北部气候的大豆品种，这使得大豆可以在热带甚至赤道地区正常生长。所以从 20 世纪 70 年代开始，巴西大豆的种植面积和产量爆发性增长，产量从 70 年代初占世界产量的 4%，增长到 80 年代末的 23%，种植面积也占到了世界种植面积的 27%。目前中北部地区大豆的产量已经占到了巴西大豆产量的 70% 以上。2004 年开始，巴西的转基因大豆大规模商业化种植正式启动，2005 年转基因大豆猛增至 900 万公顷，以后逐年增加，到 2021 年大豆的种植面积达到 4 100 万公顷，几乎占到了耕地面积的一半。

国内政策：

政府的信贷支持：政府大量信贷支持帮助大豆生产者解决了大豆病虫害和资金匮乏问题，保证了大豆生产的顺利进行。20 世纪五六十年代，霜灾一直严重影响巴西咖啡生产。对此，在 20 世纪 70 年代后，政府投入大量补贴性投资和生产信贷来刺激以大豆为主的可替代性农作物的生产。在政府信贷政策的支持下，圣保罗州的大豆产量从 1965 年的 1.82 万吨增长到 1979 年的 110 万吨，同期巴拉那州的大豆产量从 8.3 万吨增长到 540 万吨。到了 1979 年，这两个州生产了巴西 43% 的大豆。大豆加工企业也吸收了政府大量的信贷资源，在 20 世纪 70 年代和 80 年代初，国家经济发展银行为大豆加工厂的建立和改进提供了 5～6 年期的贷款，并对 70% 的设备购置进行了资助。政府设立了中西部法定基金（FCCO），为大豆加工企业在中西部各州投资建厂提供信贷。政府的农业和工业通用基金（FUNAGRI）也为大豆加工厂提供了重要的信贷支持。在 20 世纪 90 年代初，随着国家价格保障政策取消，农业信贷也逐渐走向没落。

政府收购与价格保护：大豆在巴西政府的价格支持政策中占有重要位置，该项政策稳定了大豆价格，提升了大豆生产者的积极性。以大豆生产基地塞拉多为例，大豆生产直接受惠于联邦政府的收购计划和贷款计划，1970—1990 年期间平均每年有 27% 的大豆生产受到贷款计划的资助。在 1985 年，政府对该地区收购的大豆占到收购计划总量的 90%。政府的收购计划有助于减小新兴农业产区的生产风险，尤其是边疆开发地区，因为这些地方的农民往往等到政府规定最低价格之后才开始种植大豆。1981—1992 年，巴西对能源实行统一的国家最低保障价格，这项价格政策有助于减少在生产和运输方面的成本，刺激边疆地区农业的发展。

农业保险制度：巴西中央银行独家经营农业保险业务，为巴西农民发展大豆产业实施兜底措施。大豆种植户可根据自身情况投全额保险或者阶段保险，保险额的上限为大豆生产成本，这样使得农民一旦遇到自然灾害，造成大豆减产甚至绝收，就会由保险公司向其赔付一定的资金，一方面使农民不会破产，另一方面也使其有剩余资金进行再生产。

税收优惠政策：巴西政府积极以税收为重要杠杆来调节巴西大豆生产，如减少大豆生产和加工企业缴纳所得税和银行的间接债务税，其他措施还包括直接税务减免、信贷、延期纳税、地区性的税收鼓励以及部门税收鼓励等，这些政策的实行使大豆产业得到了快速发展。

鼓励国内外资本投资：巴西政府大力鼓励外国资本和本国资本对大豆产业投资。一些大型跨国公司和银行等积极参与巴西大豆的出口，它们在巴西政府的支持和允许下，在巴西设有大量工厂，用以加工供应外贸市场的大豆。同时一些大型跨国农业企业为巴西大豆产业提供大量资金和技术支持，并制定详尽周密的生产销售计划等。但与外国资本相比，本国资本处于相对次要的地位，为巴西大豆产业的独立发展和大豆贸易埋下隐患。由于长期依赖国外资本投资，外资已经渗透到大豆的种植、加工和销售等各个环节，每年的种植计划和种子提供等都是由国际大型农业机构制定并实施的，导致巴西政府无法有效控制本国大豆产业的发展，更无力影响国际大豆市场的定价权。

巴西大豆产业发展优势：一是自然禀赋得天独厚。巴西国土面积位居世界第五。地形方面，虽然巴西高原占国土面积的 46％，但 99.5％的国土面积低于海拔 1 200 米，亚马逊地区约占国土面积的 1/3。气候方面，巴西 4/5 的国土位于热带地区，1/5 的地区属于南亚热带和南温带气候，巴西大豆从 9 月开始播种，到翌年的 3 月开始收获，生长周期长，具有发展农牧业得天独厚的条件。此外耕地资源丰富，全国现有耕地 7 500 万公顷，还有 9 000 万公顷宜垦土地资源尚未开发，为巴西不断扩张的大豆产业提供了坚实基础。二是农业立国的可持续发展战略。巴西根据本国土地面积、可耕地资源、气候特点和世界农产品需求，确立"以农立国"的可持续农业发展战略。巴西的农牧业发达，不仅是世界第一大咖啡生产和出口国，而且是全球最大的蔗糖生产和出口国，同时也是世界上最大的牛肉和鸡肉出口国，2019 年巴西成为世界第一大大豆生产和出口国。

# 二、国内大豆产业发展现状

## 1. 我国大豆种植现状

我国绝大多数省份都有大豆种植，形成了北方春大豆种植区、黄淮海流域夏大豆种植区和南方多作大豆种植区的生产格局，三大区域大豆种植面积基本呈现 5：3：2 分布。北方春大豆种植区是我国最大的大豆产区，具体包括黑龙江、内蒙古、吉林、辽宁、宁夏、新疆等省（自治区）及河北、山西、陕西、甘肃等省北部，面积和总产量均占全国总量的 55％以上，其中黑龙江大豆面积、产量均居全国首位，内蒙古面积、产量居全国第二位。

种植面积和产量：在我国大豆是仅次于三大主要粮食作物的重要农产品，也是大宗进口农产品。2022 年国家启动实施了大豆和油料产能提升工程，并在全国首次大面积推广大豆玉米带状复合种植，任务面积 1 510 万亩。全年大豆种植面积达到 1.54 亿亩，增加了 2 743 万亩，是 1958 年以来种植面积最大的年份；产量达 2 028 万吨，首次迈上 2 000 万吨的台阶，自给率一年提升了 3 个百分点（图 3 - 3）；单产 264 斤/亩，比上年增加 3.6 斤/亩；大豆自给率由 15％提高到 18.4％，提高了 3.4 个百分点。

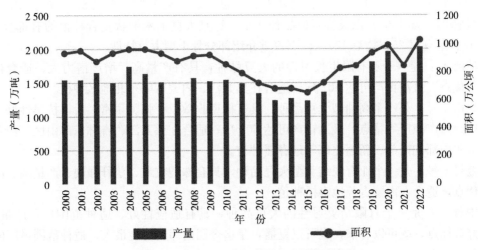

图 3 - 3　2000—2022 年我国大豆面积和产量

### 2. 进口情况

我国是世界上最大的大豆消费国，每年大豆消费量超过 1 亿吨，产需缺口约 9 000 万吨，进口依赖度达到 84.73%。近 10 年以来，我国大豆消费量平均占世界大豆总消费量的 30% 以上，位居世界第一。从 2010—2019 年，我国大豆进口来源国一直集中在美国、巴西以及阿根廷 3 个国家，3 个来源国进口的大豆数量占总进口量的平均比例高达 95.55%。2012 年以前，美国是我国最大的大豆进口来源国，我国从美国进口的大豆数量占比高达 44.48%。2012 年以后，巴西取代美国成为我国最大的大豆进口来源国（图 3 - 4）。

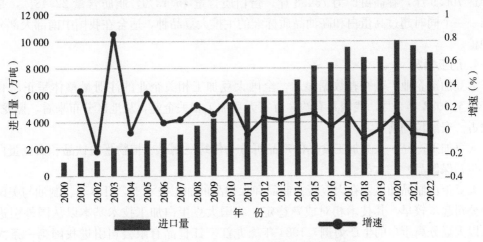

图 3 - 4　2000—2022 年我国大豆进口量

2023 年 1~9 月中国进口大豆 7 881.6 万吨，同比增 14.15%。累计进口均价 2.231 元/斤，同比跌 0.214 元/斤，幅度 8.76%。进口大豆价格较目前自治区大豆价格低 0.069 元/斤。

### 3. 品种应用情况

2023 年农业农村部编制发布《国家农作物优良品种推广目录（2023 年）》，重点推介 10 种农作物，241 个优良品种，其中大豆有 22 个品种入选，包括骨干型品种 10 个、成长型品种 6 个（绥农 52、中黄 901、菏豆 33、黑农 84、蒙豆 1137、合农 85）、苗头型品种 2 个（绥农 94、郑 1307）以及特专型品种 4 个（适宜大豆玉米带状复合种植的有邯豆 13、徐豆 18、南夏豆 25、冀豆 17），以下着重介绍部分骨干型大豆特性。

黑河 43：是一个亚有限生长习性的大豆品种，具有产量高、增产潜力大、适合机械收获等优点，最高亩产可达 502 斤，适合在黑龙江、内蒙古等东北地区种植。

克山 1 号：是一个高油型大豆品种，具有株型收敛、秆强、耐密、后期抗旱性好、适应性广、高产稳产等特点，最高亩产可达 500 斤，适合在黑龙江、吉林东部山区、内蒙古呼伦贝尔中部和南部、新疆北部等地春播种植。

登科 5 号：是一个亚有限结荚型大豆品种，具有株型收敛、茎秆强硬、产量高、品质好等优点，适合在内蒙古等地春播种植。

中黄 13：是一个有限结荚习性的大豆品种，具有适应性好、适种范围广、产量高、品质好等优点，既可以春播，也可以夏播，是迄今国内纬度跨度最大、适种范围最广的大豆品种。

冀豆 12：是一个有限结荚习性的大豆品种，具有产量高、品质好等优点，最高亩产达 643 斤，蛋白质含量 46.48%，是全国首个跨春、夏生态种植区审定推广的高蛋白大豆品种。

合农 95：是一个亚有限结荚习性的北方春大豆品种，具有株型收敛、抗倒伏性好、蛋白质含量高、产量高等优点，适合在我国东北地区春播种植。

齐黄 34：是一个有限生长习性的大豆品种，具有适应性好、适种范围广、产量高等优点，创造了我国夏大豆和山东、甘肃、山西以及我国盐碱地大豆的高产纪录。夏播最高亩产达 706.9 斤，春播亩产为 734.8 斤。蛋白质含量 45.13%，脂肪含量 22.48%，是我国唯一一个同时超过高蛋白和高油品质标准的主推大豆品种，适合在我国中南部大部分省份种植。

## 4. 加工情况

大豆加工企业：企查查数据显示，全国大豆加工相关企业的注册量整体呈正增长态势。截至 2022 年 9 月，我国共有约 3 万家大豆加工相关企业，从地区分布来看，黑龙江、内蒙古、安徽位列前三。

大豆加工产品：大豆加工食品的产品可分为传统豆制品、植物蛋白饮品和大豆蛋白制品（包括保健品）三大类。

大豆蛋白制品加工：在大豆蛋白制品和保健品的加工技术上，日本不二制油与美国杜邦等公司起步较早，其技术相对成熟稳定。我国大豆蛋白加工技术基本以从国外引进为主。以大豆分离蛋白的生产为例，1984 年黑龙江三江食品有限公司引进我国第一条大豆分离蛋白生产线（年加工大豆 400 吨），分离蛋白开始在国内实现工业化生产。当前植物基肉制品发展较迅速，市场销售额以约 14% 的速度增长，但与国外的装备和技术成熟度相比还有一定的提升空间，推广和市场化还需进一步加强。

传统豆制品加工：豆制品是我国传承 2 000 多年的传统食品代表之一。2000 年前后，为解决大城市尤其是特大型城市的豆制品保障供给问题，作为重要的"菜篮子"工程，我国引入日本的豆制品生产线，加强了豆制品的规模化工业生产。同时我国也加大了对传统豆制品加工技术和装备现代化的攻关研究，特别是在"十二五"、"十三五"期间，我国的豆制品加工技术迅速发展，诞生了一批以传统豆制品机械装备生产为主的企业。此外校企合作也取得了丰厚成果，如中国农业大学与企业合作，先后开发了"微压高温煮浆技术"和"豆乳蛋白调质和凝乳速率控制"的加工技术，推出了精准化控制煮浆系统、自动豆腐切割机、自动连续煮浆机、智能豆腐干（油豆腐、腐乳）等多功能生产流水线，使我国的传统豆制品加工技术水平整体上进入了国际先进行列，突破了传统生产装备落后对我国推进豆制品行业现代化的制约，也摆脱了规模化豆制品企业生产装备依赖进口的局面，走上了独立自主的豆制品行业现代化发展之路。

豆浆等植物蛋白饮品加工：我国的豆浆产品类型主要为液态产品和固态粉两大类。2016 年以前，我国的豆奶饮品多属于生鲜食品类，而国外的豆奶饮品在国内少有出售，还一度出现"水土不服"的现象。2016 年我国企业引入"微压煮浆技术"及装备，开发了首款即饮型中国特色豆奶，此后即饮型豆奶在我国全面开花，多个知名品牌相继诞生，液态奶饮料市场迅速发展，我国豆奶产业实现了新的跨越。

**5. 消费情况**

大豆消费路径主要分为两个方面：一是以植物油以及豆制品的形式直接食用，二是以豆粕的形式间接食用。在两种消费路径中，大豆油和豆粕是我国大豆最主要的消费形式，近年来我国大豆年消费量约 1.1 亿吨，其中 85％以上用于满足饲用和油用需要，以进口大豆为主，不到 15％直接用于传统豆制品、植物基肉制品、大豆蛋白配料、大豆肽等保健食品的加工，基本以国产大豆为主。由于植物油比动物油更有益健康且更容易加工储存，因此深受我国居民喜爱，而大豆油作为最主要的植物油，也是我国消费最多的植物油，每年我国消费的植物油中有 50％左右来自于大豆油。同时我国又是最大的肉及肉制品生产国和消费国，豆粕作为养殖业蛋白饲料最重要的原材料，使我国对豆粕的需求极其旺盛，其需求与肉制品的生产消费息息相关。

消费产品方面。从大豆产业链来看，上游为大豆种植，中游为国际粮商及大豆压榨企业，下游则是豆粕和豆油的终端消费。我国涉及大豆消费的产品主要分为六大类，分别是传统生鲜类豆制品、豆浆等植物蛋白饮品、豆腐干等休闲豆制品、豆豉和豆酱等发酵豆制品、大豆蛋白制品以及大豆肽和大豆磷脂等保健食品。

全国大豆生产情况参见表 3-1。

# 三、内蒙古自治区大豆产业发展报告

**1. 大豆产业发展基本情况**

**（1）基本情况** 大豆是内蒙古第二大粮食作物。近 5 年在补贴政策扶持下，大豆面积稳定在 1 300 万亩以上，平均单产稳定在 250 斤/亩左右。2019 年大豆种植面积 1 784.6 万亩，平均单产 253.2 斤/亩，总产 45.2 亿斤；2020 年种植面积 1 802.5 万亩，平均单产 260.5 斤/亩，总产 46.9 亿斤；2021 年种植面积 1 339.8 万亩，平均单产 251.6 斤/亩，总产 33.7 亿斤；2022 年国家启动大豆和油料产能提升工程，并在全国大面积推广大豆玉米带状复合种植，种植面积增加到 1 833.1 万亩，平均单产达到 267.9 斤/亩，总产达

表3-1 全国大豆生产情况

| 地区 | 2022 | | | 2021 | | | 增减量 | | | 增幅（%） | | |
|---|---|---|---|---|---|---|---|---|---|---|---|---|
| | 面积（万亩） | 产量（亿斤） | 亩产（斤） | 面积（万亩） | 产量（亿斤） | 亩产（斤） | 面积（万亩） | 产量（亿斤） | 亩产（斤） | 面积 | 产量 | 亩产 |
| 全国总计 | 15 365.6 | 405.7 | 264.0 | 12 623.1 | 327.9 | 259.8 | 2 742.5 | 77.8 | 4.2 | 21.7 | 23.7 | 3.2 |
| 北京 | 5.7 | 0.2 | 305.2 | 2.1 | 0.1 | 325.6 | 3.6 | 0.1 | -20.2 | 168.8 | 152.1 | -12.4 |
| 天津 | 7.0 | 0.2 | 339.2 | 3.6 | 0.1 | 286.6 | 3.4 | 0.1 | 52.4 | 94.8 | 130.4 | 36.6 |
| 河北 | 147.5 | 4.6 | 312.0 | 100.1 | 3.3 | 325.2 | 47.3 | 1.3 | -13.2 | 47.3 | 41.3 | -8.0 |
| 山西 | 168.7 | 3.8 | 224.4 | 138.3 | 2.9 | 208.4 | 30.3 | 0.9 | 16.0 | 21.9 | 31.3 | 15.4 |
| 内蒙古 | 1 833.1 | 49.1 | 267.8 | 1 339.8 | 33.7 | 251.6 | 493.3 | 15.4 | 16.2 | 36.8 | 45.6 | 12.8 |
| 辽宁 | 172.9 | 5.4 | 312.2 | 155.8 | 5.0 | 321.8 | 17.1 | 0.4 | -9.6 | 11.0 | 7.6 | -6.0 |
| 吉林 | 464.8 | 14.0 | 301.0 | 379.1 | 10.9 | 288.8 | 85.7 | 3.0 | 12.4 | 22.6 | 27.8 | 8.6 |
| 黑龙江 | 7 397.5 | 190.7 | 257.8 | 5 831.6 | 143.8 | 246.6 | 1 565.8 | 46.9 | 11.2 | 26.9 | 32.6 | 9.2 |
| 上海 | 0.8 | 0.0 | 346.2 | 0.7 | 0.0 | 369.0 | 0.1 | 0.0 | -23.0 | 14.3 | 7.2 | -12.4 |
| 江苏 | 315.6 | 11.0 | 347.0 | 289.2 | 10.1 | 350.6 | 26.4 | 0.8 | -3.6 | 9.1 | 8.0 | -2.0 |
| 浙江 | 116.7 | 4.2 | 362.2 | 113.9 | 4.3 | 373.4 | 2.7 | 0.0 | -11.2 | 2.4 | -0.6 | -6.0 |
| 安徽 | 916.1 | 18.8 | 205.8 | 880.8 | 18.2 | 206.4 | 35.2 | 0.7 | -0.8 | 4.0 | 3.6 | -0.6 |
| 福建 | 52.7 | 2.0 | 376.6 | 51.9 | 1.9 | 371.0 | 0.9 | 0.1 | 5.6 | 1.7 | 3.2 | 3.0 |
| 江西 | 163.8 | 5.3 | 321.8 | 159.0 | 5.5 | 344.0 | 4.8 | -0.2 | -22.2 | 3.0 | -3.6 | -12.8 |
| 山东 | 322.4 | 11.6 | 360.4 | 274.2 | 10.7 | 390.2 | 48.2 | 0.9 | -29.8 | 17.6 | 8.6 | -15.2 |
| 河南 | 545.3 | 17.0 | 311.2 | 499.7 | 15.0 | 299.4 | 45.6 | 2.0 | 11.8 | 9.1 | 13.5 | 8.0 |
| 湖北 | 344.8 | 7.1 | 205.2 | 335.7 | 7.4 | 221.8 | 9.1 | -0.4 | -16.6 | 2.7 | -4.9 | -15.0 |
| 湖南 | 198.2 | 6.8 | 341.4 | 176.7 | 6.4 | 360.2 | 21.5 | 0.4 | -19.0 | 12.1 | 6.3 | -10.4 |
| 广东 | 52.1 | 1.9 | 356.0 | 48.9 | 1.7 | 353.0 | 3.1 | 0.1 | 3.0 | 6.3 | 7.3 | 1.8 |
| 广西 | 162.1 | 3.4 | 207.6 | 152.3 | 3.2 | 209.4 | 9.8 | 0.2 | -1.8 | 6.5 | 5.6 | -1.6 |
| 海南 | 2.4 | 0.1 | 287.2 | 2.7 | 0.1 | 356.6 | -0.4 | 0.0 | -69.4 | -13.5 | -30.3 | -39.0 |
| 重庆 | 161.1 | 4.3 | 264.0 | 149.2 | 4.1 | 275.6 | 11.9 | 0.2 | -7.6 | 8.0 | 5.0 | -5.6 |

到 49.1 亿斤，面积、总产均占全国 12%，居全国第二，平均单产较全国平均水平高 3.8 斤/亩。2023 年通过逐级分解任务，签订责任书、分组包联、调高补贴等政策和措施稳定面积，全区种植面积达到 1 852.9 万亩，同比增加 1.1%，超额完成国家下达的任务（1 833.1 万亩）。因主产区受干旱、地力条件差等影响，全区的产量、平均单产略有下降，分别为 48.9 亿斤、263.8 斤/亩（表 3-2）。

**表 3-2　内蒙古大豆种植面积和产量统计**

| 年度 | 面积（万亩） | 比上年增减（%） | 总产量（亿斤） | 比上年增减（%） | 单产（斤/亩） | 比上年增减（%） | 占全区粮食作物播种面积（%） | 占全区粮食作物总产（%） |
|------|--------------|------------------|----------------|------------------|---------------|------------------|-------------------------------|---------------------------|
| 2019 | 1 784.6 | 8.7 | 45.2 | 26.0 | 253.2 | 15.8 | 17.4 | 6.2 |
| 2020 | 1 802.5 | 1.0 | 46.9 | 3.9 | 260.5 | 2.8 | 17.6 | 6.4 |
| 2021 | 1 339.8 | −25.7 | 33.7 | −28.2 | 251.6 | −3.4 | 13.0 | 4.4 |
| 2022 | 1 833.1 | 36.8 | 49.1 | 45.7 | 267.9 | 6.5 | 17.6 | 6.3 |
| 2023 | 1 852.9 | 1.1 | 48.9 | −0.5 | 263.8 | −1.5 | 17.7 | 6.2 |

注：2019—2023 年统计数据。

**（2）产区分布**　内蒙古大豆优势产区集中分布在东四盟市，2023 年种植面积为 1 732.0 万亩，较去年同比增加 2.0%，占全区的 93.5%（其中呼伦贝尔市占 71.7%、兴安盟占 11.9%、赤峰市占 6.4%、通辽市占 3.5%）。产量为 46.9 亿斤，较去年同比增加 0.3%，占全区的 95.9%（其中呼伦贝尔市占 75.3%、兴安盟占 13.7%、赤峰市占 3.7%、通辽市占 3.1%）（表 3-3）。

**表 3-3　内蒙古大豆主产盟市情况统计**

| 盟市 | 面积（万亩） | 比上年增减（%） | 总产量（亿斤） | 比上年增减（%） | 单产（斤/亩） | 比上年增减（%） | 占全区大豆播种面积（%） | 占全区大豆总产（%） |
|------|--------------|------------------|----------------|------------------|---------------|------------------|---------------------------|------------------------|
| 呼伦贝尔 | 1 329.1 | −0.2 | 36.8 | −0.8 | 276.9 | −0.6 | 71.7 | 75.3 |
| 通辽 | 64.3 | 51.1 | 1.5 | 36.3 | 232.9 | −9.8 | 3.5 | 3.1 |
| 赤峰 | 118.1 | 3.2 | 1.8 | −29.6 | 155.0 | −31.8 | 6.4 | 3.7 |
| 兴安 | 220.5 | 5.8 | 6.7 | 13.8 | 304.6 | 7.6 | 11.9 | 13.7 |
| 东四盟合计 | 1 732.0 | 2.0 | 46.9 | 0.3 | 270.5 | −1.7 | 93.5 | 95.9 |

注：2023 年统计数据。

**（3）销售加工**

a. 销售情况：美国等主产国大豆生产成本低且高产，进口豆价格常年低于国产豆。比如 11 月底，大豆每吨进口到港价 4 592 元（2.29 元/斤，加上运输费用到我区价格约 2.5 元/斤），较国家轮换储备收购价 5 010 元/吨（2.51 元/斤）低 418 元/吨，对国内大豆价格形成冲击。2023 年底我区大豆市场收购价格仅 2.3 元/斤左右，同比下跌 0.45 元/斤，降幅达到 16.4%，处于近两年最低，农户普遍惜售。

b. 加工情况：全区现有大豆加工企业 46 家，主要生产豆油、豆粕、豆粉等初级产品，合计加工能力 157 万吨，2022 年实际加工仅 24 万吨，不足 1/6，产能闲置率 15.3%。营业收入 500 万元以上的 19 家企业总加工能力 125 万吨，但实际仅加工 18 万吨，达产率不足 15%。莫力达瓦达斡尔族自治旗富吉粮贸等公司面临停产，加工能力 1 万吨以上的企业共 17 家，有 8 家未开工，开工率不足 18%。

**（4）产业优势**

①资源优势　内蒙古大豆主产区土壤肥沃，土层深厚，以黑土和栗钙土为主，土壤有机质含量为 2%～10%，保水保肥效果好。该区域年日照时数 2 600～3 100 小时，无霜期 85～130 天，≥10℃ 积温 1 800～2 700℃，降水充沛，年均降水量 350～500 毫米，受季风气候影响，主要分布在 7～9 月，占全年降水量的 70% 左右，且雨热同期，地下水、地表水资源丰富，可满足大豆发育的需要，有利于大豆脂肪的形成和积累，是优质大豆的理想种植区。同时工业污染少、生态环境好、病虫发生轻、农药化肥投入水平低，属于优质绿色大豆产业带。

②生产优势　内蒙古常年种植大豆 1 000 万亩左右，产区稳定且相对集中在呼伦贝尔市岭东的莫力达瓦达斡尔族自治旗、鄂伦春自治旗、阿荣旗、扎兰屯市，兴安盟科尔沁右翼前旗、科尔沁右翼中旗、扎赉特旗，具有区域化、规模化经营的基础条件，一些国营农牧场、合作社、家庭农场等新型经营主体已经掌握了规模化生产经营的经验。

③科研优势　在呼伦贝尔市和兴安盟建设了大豆产业创新中心和生物育种中心，全区现有 6 家育种单位，分别是呼伦贝尔市农牧科学研究所、自治区农牧业科学院、赤峰市农牧科学研究所、兴安盟农牧科学研究所、内蒙古民族大学、莫力达瓦达斡尔族自治旗鑫兴农业科学技术研究所。实施大豆育种联合攻关项目（呼伦贝尔农业科学研究所牵头），重点开展高油高产品种优异种质鉴定、杂交组合配制，支持呼伦贝尔农垦牵头开展优异种质创新及新品种选育"揭榜挂帅"。全年新培育审定品种 17 个（总数 112 个），其中国审品种 1 个，高蛋白品种 2 个，高油品种 2 个。

④良种繁育优势　全区制种面积稳定在 35 万亩，居全国第 3 位，制种量同比增加 0.2 万吨，达到 4.6 万吨。争取国家资金 2 000 万元，支持莫力达瓦达斡尔族自治旗、鄂伦春自治旗 2 个国家级制种大县建设，认定科尔沁右翼前旗自治区级制种大县。扩大良种面积，建成 7 个"看禾选种"平台，展示 50 多个品种，蒙豆 1137（高产品种）和登科 5 号（高油品种）入选国家主推品种目录（全国 8 个），2023 年推广面积分别达到 420 万亩、180 万亩。

⑤产业发展优势　按照国家关于推进农村产业融合发展的部署，新建莫力达瓦达斡尔族自治旗国家级、鄂伦春自治旗自治区级现代农业产业园，扎兰屯市卧牛河镇、翁牛特旗毛山东乡 2 个产业强镇。续建扎兰屯市国家级农业产业园、大兴安岭大豆国家级产业集群，支持蒙佳粮油、科沁万佳等 18 家加工企业提早开工生产。同时统筹产业园、产业集群、产业强镇资金，支持现有加工企业对生产线进行技改，带动呼伦贝尔市沃丰、宏景和兴安盟谷霖等 5 家企业新增产能 13 万吨，预计 2025 年全部投产。新认定"大兴安岭农垦、荣盛商贸、赤鑫豆制品" 3 个国家级大豆产业化龙头企业。

⑥政策保障优势　2023 年争取国家大豆支持资金，及时调整补贴政策，提高大豆生

产者补贴亩均标准，拉大大豆玉米补贴差额，允许主产盟市进一步拉大补贴差，有效稳定主产区农户种豆积极性。支持轮作大豆面积由上年 423 万亩增至 500 万亩。统筹绿色高产高效等项目资金，在 13 个主产旗县建设单产提升示范区 101 万亩，示范高产品种，推广大豆大垄高台、垄上三行等关键技术，示范区单产提高 3% 以上。

**2. 2023 年大豆生产情况**

**（1）种植情况**　2023 年内蒙古大豆种植面积 1 852.9 万亩，产量 48.9 亿斤，亩均单产 263.8 斤。在国家扩种大豆油料的背景下，近年来大豆种植面积大幅增加，与 2021 年相比，增加了 513.1 万亩，增幅 38.3%。其中东四盟市扩种 454.5 万亩（呼伦贝尔市扩种 302.2 万亩、兴安盟扩种 84.5 万亩、通辽市扩种 37.5 万亩、赤峰市扩种 30.2 万亩），占总增加面积的 88.6%；中西部地区扩种大豆 58.6 万亩，占总增加面积的 11.4%。

**（2）生长特点**　2023 年大豆主产区呼伦贝尔市春播因干旱低温略有推迟，部分地区苗期长势较弱，5 月下旬后降水充足，开花期—结荚期降水较充沛，大豆长势旺盛，豆荚数较多，百粒重增加，收获期部分旗县遭受冰雹，导致大豆"炸荚"，产量下降。赤峰市遭遇特大干旱，造成大豆总产降低。

**（3）种植品种**　内蒙古大豆品种类型丰富。如高蛋白品种有蒙豆 11、蒙豆 42、黑河 45、蒙豆 36、蒙豆 13、黑农 48 等；高油品种有蒙豆 32、登科 5 号、登科 1 号、蒙豆 14、蒙豆 26、蒙豆 28 等；高产品种有蒙豆 1137、蒙豆 359、黑河 43、赤豆 3 号、蒙豆 43 等。

**（4）主推技术**　重点推广垄上三行、大垄高台、浅埋滴灌等栽培技术，配套根瘤菌接种、叶面肥喷施等增产技术措施，推进粮豆合理轮作。

**（5）高产典型**　10 月 7 日，内蒙古自治区农牧厅邀请全国农业技术推广服务中心、黑龙江省农业科学院、南京农业大学、内蒙古农牧业科学院和国家统计局扎赉特旗调查队 6 个单位的专家对兴安盟扎赉特旗好力保镇五家子村 150 亩集中连片种植大豆示范田进行测产鉴评，实收亩产达 633.6 斤，同时刷新了内蒙古自治区和东北北部地区的大豆高产纪录。

**（6）成本与效益**　据测算，东四盟市亩均种植成本为 650~1 000 元，主产区玉米较大豆种植亩均效益高 400~600 元（大豆亩均收入 300~450 元，玉米亩均收入 700~1 000 元），叠加生产者补贴与轮作（生产者补贴实际亩均 357 元，轮作每亩 150 元）后才能保持收益基本接近。特别是水浇地收益差每亩达到 650 元以上，算上补贴仍有 150 元/亩以上的差距。

**3. 大豆产业发展存在问题**

**（1）国际市场冲击力强**　我国每年大豆消费量超过 1.1 亿吨，产需缺口约 9 000 万吨，对美国、巴西、阿根廷等国依赖度达 85%。2023 年 1~10 月进口大豆 8 241.5 万吨，同比增加 14.6%。一方面，进口大豆价格低。美国等主产国大豆生产成本低，具有高产优势，进口豆价格常年低于国产豆。另一方面，进口豆含油率高。受种植区自然条件和品种影响，国产大豆含油率在 17% 左右，进口大豆普遍含油率在 19% 左右，国内加工企业普遍采购进口大豆。

**（2）种植效益低**　一是全区平均单产 267.8 斤/亩，居全国第 19 位，分别较毗邻的辽宁（11 位）和吉林（15 位）低 44.4 斤/亩、33.2 斤/亩。二是市场价格仅 2.3 元/斤左右，同比下跌 0.45 元/斤，降幅达到 16.4%，处于近两年最低。

**（3）加工效益低** 一是产品结构不优。主要是豆油（豆粕为副产品，按豆油计算），约占 80%，豆制品占 11%，豆粉占 8%，蛋白质等占 1%，高附加值产品少，品牌不响，市场竞争力不足。二是企业生产成本高。受国储和地方储备等托底政策影响，抬高了农户预期售卖价格，普遍惜售观望，加工企业若按国储价收购，每加工 1 吨国产豆亏损 400 元，企业大部分产能闲置（全区 46 家大豆加工企业合计加工能力 157 万吨，2022 年实际加工仅 24 万吨，不足 1/6，产能闲置率 15.3%；营业收入 500 万元以上的 19 家企业总加工能力 125 万吨，但实际仅加工 18 万吨，达产率不足 15%，莫力达瓦达斡尔族自治旗富吉粮贸等公司面临停产。加工能力 1 万吨以上的企业共 17 家，有 8 家未开工，开工率不足 18%）。

**4. 下一步重点工作**

**（1）稳定种植面积，全力完成国家考核任务** 一是优化种植区域。呼伦贝尔市在补贴和轮作支持下，保持面积基本稳定，同时调减严重重茬面积。兴安盟、通辽市和赤峰市通过适当提高补贴加轮作全覆盖，通过玉米主产区米豆轮作，实现稳中有增，支持中西部适宜地区种植大豆。二是加大生产者补贴支持力度。合理制定生产者补贴标准，鼓励呼伦贝尔市等主产区实行差异化补贴，在玉米与大豆争地突出区域进一步拉大玉米大豆补贴差，确保主产区大豆种植面积。三是发挥轮作项目带动作用。呼伦贝尔市、兴安盟两个大豆主产区原则上轮作项目只补贴大豆，赤峰市、通辽市两个玉米主产区开展米豆轮作，挖掘大豆种植潜力。四是全方位挖潜力。引导新建旱作高标准农田种植大豆，发挥大豆养地作用，解决因翻动生土首年产量和收益较低的问题；同时推广耐盐碱大豆品种，在沿黄河流域盐碱化耕地及旱作区种植大豆。

**（2）强化科技支撑，着力提升单产水平** 一是挖掘育种潜力。支持大豆联合育种攻关和新品种选育"揭榜挂帅"，加大高产品种的选育和推广力度，力争培育出突破性优质高产新品种 1～2 个。二是发挥制种优势。以莫力达瓦达斡尔族自治旗、鄂伦春自治旗两个国家级和科尔沁右翼前旗自治区级制种大县为重点，2024 年制种面积增加 5 万亩，达到 40 万亩。三是加快良种推广。实施高油高产品种推广补助奖励，新增面积 30 万亩，确保高油高产大豆种植面积达到 390 万亩以上。建设"看禾选种"平台 5 个，示范优质高产、高油和高蛋白品种 10 个。同时推进大豆生物育种产业化应用，推广高产新品种。四是加强示范带动。结合国家大豆单产提升工程项目，建设示范区面积 100 万亩以上，辐射带动全区大垄高台等高产高效栽培技术推广面积由 400 万亩增加到 600 万亩。

**（3）促进加工转化，降低产能闲置率** 一是加快现有企业改扩建提产能。2024 年积极向国家争取在呼伦贝尔市、兴安盟、赤峰市、通辽市创建 1 个国家大豆现代农业产业园、2 个大豆国家农业产业强镇。支持加工企业参与全产业链建设，发展精深加工。加快推进大兴安岭大豆产业集群建成完工，推动呼伦贝尔市和兴安盟沃丰、龙鼎、蒙佳等加工企业 5 条大豆生产线尽快建成投产，规划建成投产后新增产能 13 万吨以上。二是支持现有企业多加工。支持大豆主产盟市加工企业收储贷款贴息，提高大豆就地加工转化，支持企业提高达产率，带动现有加工企业提升 10 万吨以上实际加工量。三是加强招商引资。建立招商引资定期会商机制，争取引进中粮、山东禹王、山东嘉华、海天等国内知名加工企业来我区发展蛋白粉等深加工项目。

**（4）拓宽销售渠道，拉动产业提质增效** 一是用好产销对接平台。组织加工企业参加全国农交会等展销活动，邀请全国网红达人销售大豆相关产品，提升品牌知名度和影响力。二是培育品牌促进产业发展。将大豆产业品牌建设和产销对接工作列为农牧业品牌建设工作，着力加强大豆产业品牌建设及产销对接工作力度。以"蒙"字标为引领，打造内蒙古大豆区域品牌。推进"蒙"字标认证，对获"蒙"字标认证的企业，给予检验检测、认证等费用补贴。

# 四、重点盟市大豆产业发展报告

## （一）呼伦贝尔市大豆产业发展报告

### 1. 大豆产业发展基本情况

**（1）基本情况** 呼伦贝尔大兴安岭东南麓有着悠久的大豆栽培历史和种植习惯，是大豆原产地，野生大豆种质资源丰富，土质肥沃，气候适宜，无污染，适于大豆生产，是国家优质大豆产业带，种植面积常年稳定在 1 000 万亩以上。2019 年种植面积 1 381.5万亩，平均单产 261.5 斤/亩，总产 36.1 亿斤；2020 年种植面积 1 413.3 万亩，平均单产264.9 斤/亩，总产 37.4 亿斤；2021 年种植面积 1 026.9 万亩，平均单产 256.0 斤/亩，总产 26.3 亿斤；2022 年国家提出扩种大豆、提升大豆产能的战略要求，大豆种植面积增加到 1 332.3 万亩，总产 37.1 亿斤，平均单产 278.5 斤/亩；2023 年全市大豆种植面积1 329.1万亩，总产 36.8 亿斤，平均单产 276.9 斤/亩，占全市粮食作物总播种面积的54.0%、粮食总产的 27.9%（表 3-4）。

**表 3-4 呼伦贝尔市大豆种植面积和产量统计**

| 年度 | 面积（万亩） | 比上年增减（%） | 总产量（亿斤） | 比上年增减（%） | 单产（斤/亩） | 比上年增减（%） | 占全市粮食作物播种面积（%） | 占全市粮食作物总产（%） |
|---|---|---|---|---|---|---|---|---|
| 2019 | 1 381.5 | 8.4 | 36.1 | 27.4 | 261.5 | 17.5 | 35.5 | 27.6 |
| 2020 | 1 413.3 | 2.3 | 37.4 | 3.6 | 264.9 | 1.3 | 57.2 | 31.0 |
| 2021 | 1 026.9 | −27.3 | 26.3 | −29.8 | 256.0 | −3.4 | 41.3 | 19.2 |
| 2022 | 1 332.3 | 29.7 | 37.1 | 41.1 | 278.5 | 8.8 | 54.2 | 28.5 |
| 2023 | 1 329.1 | −0.2 | 36.8 | −0.8 | 276.9 | −0.6 | 54.0 | 27.9 |

注：2019—2023 年统计数据。

**（2）产区分布** 种植区域主要分布在岭东莫力达瓦达斡尔族自治旗、鄂伦春自治旗、阿荣旗、扎兰屯市，占总播种面积的 99.2%。其中莫力达瓦达斡尔族自治旗的种植面积最大，2022 年达 525.1 万亩，同比增加 39.7%。该区域有肥沃的黑土地资源，年有效积温 1 900～2 500℃，年降水量 450～550 毫米，气候条件及土壤特性适合大豆种植（表 3-5）。

表3-5 2022年呼伦贝尔市大豆主产旗县情况统计

| 旗县 | 面积（万亩） | 比上年增减（%） | 总产量（亿斤） | 比上年增减（%） | 单产（斤/亩） | 比上年增减（%） | 占全市大豆播种面积（%） | 占全市大豆总产（%） |
|---|---|---|---|---|---|---|---|---|
| 阿荣旗 | 284.9 | 69.4 | 8.5 | 79.8 | 298.2 | 6.1 | 21.4 | 22.9 |
| 莫力达瓦达斡尔族自治旗 | 525.1 | 39.7 | 16.3 | 63.1 | 310.7 | 16.8 | 39.4 | 44.0 |
| 鄂伦春自治旗 | 398.8 | 4.2 | 9.0 | −2.5 | 225.0 | −6.4 | 29.9 | 24.2 |
| 扎兰屯市 | 112.3 | 26.6 | 3.1 | 46.9 | 273.6 | 16.0 | 8.4 | 8.3 |

注：2022年统计数据。

**(3) 销售加工** 现有大豆加工企业12家，分布在莫力达瓦达斡尔族自治旗、鄂伦春自治旗、阿荣旗、扎兰屯市和海拉尔区，企业加工产能58.1万吨，实际加工量7.73万吨左右，加工产品主要是大豆油、豆粕等初加工产品，主要以原粮形式外销。

**(4) 产业优势**

①资源优势 呼伦贝尔市处于北纬$47°05'\sim53°20'$，岭东地区气候冷凉湿润，昼夜温差大，有效积温利用率高，无霜期短，日照丰富，土质肥沃，雨热同期，自然降水规律与大豆生长规律基本吻合，气候条件适宜大豆生产，利于大豆干物质积累。呼伦贝尔自然资源优势得天独厚，大豆主产区水质、土壤、空气等环境指标符合开发绿色、有机食品的标准，是全国发展绿色有机食品产业环境条件最好的地区之一。

②生产优势 大豆主产区耕地面积近2100万亩，占全市耕地面积的75%，大面积的耕地有利于集约化、规模化、机械化作业。主产区新型经营主体和家庭农场在大豆规模化经营过程中积累了丰富的经验，经营的规模大，标准化技术到位率高，并拥有国内外先进的大豆整地、播种、田间管理技术和收获机械，实现了全程机械化作业。

③品牌优势 "呼伦贝尔大豆"区域公用品牌依托绿色食品、有机农产品、农产品地理标志产品和名特优新农产品等国家农业农村系统推出的安全优质农产品品牌，是质量兴农、绿色兴农、品牌强农的典范，市场认可度高。随着大豆产业的快速发展，目前已认定了绿色食品大豆、有机食品大豆、地理标志产品大豆和名特优新农产品大豆，同时，建成了2个全国绿色食品原料（大豆）标准化生产基地，形成了呼伦贝尔大豆品牌集群。

④科研优势 呼伦贝尔市农牧科学研究所作为国家大豆改良中心呼伦贝尔分中心、国家大豆原原种繁殖基地、国家大豆产业体系特早熟大豆育种岗位试验站，是自治区最具有实力的大豆科研单位。目前已培育大豆品种57个，获国家科技进步二等奖1项，省部级奖项5项，自治区丰收一等奖1项，呼伦贝尔市科技进步一等奖2项，成果转化资金900多万元，其中蒙豆1137被农业农村部推荐为大豆主推品种。

⑤良种繁育优势 一是国家大豆制种大县建设项目政策引导效果显著，通过项目推动支撑，莫力达瓦达斡尔族自治旗、鄂伦春自治旗大豆制种企业基础设备更新、育种技术推广速度明显加快，大豆加工能力达到10吨/小时以上，种子加工仓储库面积达到4.5万余平方米，大豆良种供应能力不断提升。二是上下联动、旗企共建机制，加深了制种企业与

科研院所的合作联系，打通了科技成果转化途径，大豆良种繁育能力不断加快。三是打造良好制种模式，大豆制种企业依托合作社或家庭农场，以订单模式进行大豆制种基地建设，辐射带动阿荣旗、扎兰屯市等地，良种繁育面积达到 37 万亩以上，大豆良种繁育能力不断提高。

⑥产业发展优势 呼伦贝尔市已争取获批建设呼伦贝尔市大兴安岭大豆特色产业集群，建设旗县为莫力达瓦达斡尔族自治旗、阿荣旗和鄂伦春自治旗，支持建设内容为大豆良种繁育、种子标准化生产基地建设、大豆现代仓储流通贸易及深加工建设等。

呼伦贝尔市现有国家级大豆农业产业强镇 3 个，项目建设区域为莫力达瓦达斡尔族自治旗红彦镇（2021 年）、鄂伦春自治旗大杨树镇（2022 年）和扎兰屯市卧牛河镇（2023 年），主要支持全市大豆产业关键领域、薄弱环节发展，提升种养基地、加工物流等设施装备水平，培育壮大经营主体，促进大豆产业转型升级，做大做强大豆仓储、深加工企业，实现大豆就地加工转化，提升附加值，带动农民群众致富增收。

⑦政策保障优势 呼伦贝尔市作为全区大豆主产区，占全区大豆播种面积 70% 以上，高度重视大豆生产，2023 年整合相关政策，重点在 7 个方面支持大豆生产。一是扩大大豆、玉米生产者补贴差。二是调整原有一年签轮作任务和新增轮作任务，重点支持大豆生产。三是将大豆种植社会化服务补助让利或返还给小农户，比例由不低于补助资金的 30%（15 元/亩）提高到不低于 50%（25 元/亩）。四是将耕地深松作业补助资金优先补给符合要求的大豆种植户，亩均补贴 25 元。五是将大豆种植任务优先落实在已建高标准农田和已实施黑土地保护利用区域内。六是争取将扎兰屯市等地纳入大豆完全成本保险范围，力争大豆政策性保险面积达到大豆种植面积的 90% 以上。七是强化兜底保障，推动各金融机构为种植主体提供惠农贷款服务，为小农户、贫困户提供免担保信用贷款，组织大型合作社等主体为小农户和贫困户开展赊销农资、代耕、代管、代收等帮扶措施。

**2. 2023 年大豆生产情况**

**（1）种植情况** 2023 年呼伦贝尔市严格落实自治区稳定大豆生产的工作部署，面对年初大豆、全玉米收益差不断增大，春播期干旱、低温以及夏季洪涝、雹灾等不利因素影响，全市整合各项政策支持，落实防灾减灾工作，多措并举稳定大豆生产。2023 年大豆播种面积 1 329.1 万亩，较上年降低 3.2 万亩，占全区面积的 72%，稳居自治区第一位，超额完成自治区下达的任务目标 0.84 万亩；总产 36.8 亿斤，较上年降低 0.34 亿斤，占全区产量的 75%；单产 267.9 斤/亩，较上年降低 1.6 斤/亩。

**（2）生长特点** 2023 年大豆播种因干旱低温稍有推迟，部分地区苗期较弱，5 月下旬后降水充足，植株生长加快，开花期—结荚期降水较充沛，大豆长势旺盛，豆荚数较多，进入鼓粒期后降水足，有利于百粒重增加，但 9 月 26 日鄂伦春自治旗遭受冰雹灾害，受灾面积达到 78 万亩左右，此时大豆已经进入收获期，冰雹灾害导致大豆"炸荚"，灾后无法弥补产量损失，导致 2023 年大豆产量、单产略低于上年，但对大豆品质影响较小。

**（3）种植品种** 主要种植品种有蒙豆系列、登科系列、黑河系列、东升系列、富尔密荚王等。

**（4）主推技术** 以大豆大垄高台栽培技术、大豆垄上三行窄沟密植技术为主的大豆标准化生产技术在主产区推广应用面积不断扩大，2021 年以来覆盖率达到 75% 以上；高蛋白、高油专用大豆生产面积达到 65% 以上。

**（5）高产典型** 鄂伦春自治旗是呼伦贝尔市大豆主产区之一，为抓好大豆单产提升工作，从春播开始，鄂伦春自治旗农牧科技事业发展中心联合内蒙古农牧业技术推广中心，致力于推广示范和应用新型种植模式技术，以蒙豆 48 品种为研究对象，在大豆示范推广基地接种"大豆根瘤菌＋生物有机种衣剂＋淡紫紫孢菌"。验证在使用新型种植模式技术下，该品种的抢积温、促早熟、增产提质能力，进而为高纬度大豆种植区实现产量突破性提升，提供实践性种植示范。

10 月 10 日，农牧业技术推广中心粮油处、中国农业大学教授、自治区农牧业科学院、呼伦贝尔市农牧业技术推广中心以及鄂伦春自治旗统计局，在鄂伦春旗开展大豆高产竞赛实收测产工作，现场成立实收测产专家组，测得单产达到 431.2 斤/亩，该产量是鄂伦春自治旗第五积温带大豆百亩最高产量，测产结果实现丰产、提质、丰收，对全旗大豆高产种植起到了试验示范和引领作用。

**（6）成本与效益** 大豆按亩产 280 斤，价格 2.3 元/斤，生产成本 300 元/亩（种子 45 元、化肥 75 元、农药 20 元、机械作业及人工 160 元），地租 600 元/亩计算，大豆亩均收益－256 元；生产者补贴 398.4 元/亩，含补贴亩均收益 142.4 元。

玉米按亩产 1 000 斤，价格 1.10 元/斤，生产成本 400 元/亩（种子 65 元、化肥 130 元、农药 20 元、机械作业及人工 185 元），地租 600 元/亩计算，玉米亩均收益 100 元；生产者补贴 20 元/亩，含补贴亩均收益 120 元。

综合来看，大豆、玉米产量按常年平均水平，价格按目前市场平均收购价计算，不考虑生产者补贴情况下，玉米比大豆亩均收益高出 356 元。在含有大豆、玉米生产者补贴的情况下，玉米比大豆亩均收益低出 22.4 元左右。

去年同期，大豆收购价格为 2.68 元/斤、玉米收购价格为 1.35 元/斤，大豆、玉米产量按常年平均水平，价格按去年同期收购价计算，大豆亩均收益 149.6 元、玉米亩均收益 350 元，玉米比大豆亩均收益高出 499.6 元，较目前玉米、大豆亩均收益差高出 143.6 元。

**3. 大豆产业发展存在问题**

**（1）大豆玉米争地，农民种植大豆的积极性降低** 玉米大豆种植主产区均在岭东扎兰屯市、阿荣旗、莫力达瓦达斡尔族自治旗、鄂伦春自治旗，共有耕地 2 090 万亩左右，近 2 年扩种大豆后，大豆种植面积达到 1 300 万亩以上，玉米 740 万亩左右，剩余耕地常年种植水稻、蔬菜、杂粮杂豆等作物。目前看，种植玉米效益高于大豆 350 多元/亩，同时农民普遍认为玉米抗灾能力强，是"铁杆庄稼"，导致农民种植大豆积极性降低，稳定大豆种植面积面临严峻挑战。

**（2）大豆重茬种植严重，导致病虫草害多发** 玉米大豆轮作是科学合理的耕作模式，呼伦贝尔市 2022 年大豆种植 1 332.3 万亩，2023 年种植 1 329.1 万亩，已连续两年大豆种植面积超过 1 300 万亩，目前已有 900 余万亩大豆重茬种植，重茬种植导致大豆病虫害多发并减产。

**（3）大豆价格低迷，产销衔接不畅** 2022 年和 2023 年呼伦贝尔市大豆实现扩能增产，但从 2023 年初开始，大豆价格持续走低，已经严重低于农民心理预期。大豆产销衔接不畅，加工带动生产发展能力不足，进一步影响农民种植积极性。

**4.大豆产业发展下一步建议**

**（1）加强大豆市场调控，同时加大收购政策支持力度** 目前大豆价格持续走低，导致农民种植积极性不断降低，建议加强对大豆市场的调控，控制进口额度，减轻进口大豆对国产大豆的冲击和挤压。另外，虽然目前生产者补贴基本弥补了大豆玉米差价，但由于玉米抗逆性强、价格相对稳定、种植风险小等特点，农民种植大豆积极性仍低于玉米，建议增加国储收购或实施大豆目标价格收购政策，缓解玉米与大豆争地、农民种植意愿下降的问题。

**（2）下达大豆种植任务时考虑合理轮作倒茬** 2023年呼伦贝尔市大豆种植面积1329.14万亩，大豆种植面积已连续保持高位，有超900万亩大豆重茬种植，大豆重茬种植地块病虫草害发生严重，导致防治成本增加和部分减产。建议在下达大豆种植任务时考虑到合理轮作因素，避免产生大豆重茬种植，在保障大豆生产任务面积的同时提升大豆品质。

**（3）加强产地加工布局和扶持，促进产销衔接** 目前国内大豆深加工企业大部分都在沿海港口，远离国内大豆主产区，导致大豆主产区大豆产得出、卖不好，对国内的大豆产业发展极为不利。建议在大豆深加工的产业布局上考虑国内大豆产区产地加工的情况，在大豆主产区布局大豆深加工企业，促进产区大豆本地加工转化，并给予一定的政策扶持。

## （二）兴安盟大豆产业发展报告

**1.大豆产业发展基本情况**

**（1）基本情况** 兴安盟属大豆优势产区，面积和产量常年居全区第二位。通过落实种植业项目，叠加调高大豆生产者补贴标准的政策优势，2023年全盟大豆种植面积达到220.5万亩，平均亩产304.6斤，总产6.7亿斤，占全盟粮食作物总播种面积的14.1%、粮食总产的5.0%。近5年全盟大豆单产、总产和面积呈增加趋势。2019年全盟大豆种植面积186.9万亩，平均亩产258.0斤，总产4.8亿斤；2020年全盟大豆种植面积187.8万亩，平均亩产283.0斤，总产5.3亿斤；2021年全盟大豆种植面积136.0万亩，平均亩产274.8斤，总产3.7亿斤；2022年全盟大豆种植面积208.4万亩，平均亩产283.1斤，总产5.9亿斤（表3-6）。

表3-6 兴安盟大豆种植面积和产量统计

| 年度 | 面积（万亩） | 比上年增减（%） | 总产量（亿斤） | 比上年增减（%） | 单产（斤/亩） | 比上年增减（%） | 占全市粮食作物播种面积（%） | 占全市粮食作物总产（%） |
|---|---|---|---|---|---|---|---|---|
| 2019 | 186.9 | 14.6 | 4.8 | 36.5 | 258.0 | 19.1 | 12.3 | 11.7 |
| 2020 | 187.8 | 0.5 | 5.3 | 10.2 | 283.0 | 9.7 | 12.4 | 0.4 |
| 2021 | 136.0 | −27.6 | 3.7 | −29.7 | 274.8 | −2.9 | 8.9 | −20.7 |
| 2022 | 208.4 | 53.3 | 5.9 | 57.9 | 283.1 | 3.0 | 13.4 | 39.7 |
| 2023 | 220.5 | 5.8 | 6.7 | 13.8 | 304.6 | 7.6 | 14.1 | 4.3 |

注：2019—2023年统计数据。

**（2）产区分布** 大豆产区主要分布在兴安盟中部有效积温 2 000～2 400℃地区，包括 22 个苏木乡镇（农牧场），产区内大豆种植面积 150 万亩，占全盟总播种面积的 68%。主要种植的品种有蒙豆 1137、黑农 84、黑河 43、合丰 50、登科 15 等。以科尔沁右翼前旗的大豆种植面积最大，2022 年达到 68.4 万亩，同比增加 51.1%，面积超 15 万亩的旗县区还有科尔沁右翼中旗、扎赉特旗和阿尔山市，2022 年种植面积同比分别增加了 31.8%、80.1% 和 30.6%（表 3 - 7）。

表 3 - 7　2022 年兴安盟大豆主产旗县情况统计

| 旗县 | 面积（万亩） | 比上年增长（%） | 总产量（亿斤） | 比上年增长（%） | 单产（斤/亩） | 比上年增长（%） | 占全市大豆播种面积（%） | 占全市大豆总产（%） |
|---|---|---|---|---|---|---|---|---|
| 乌兰浩特市 | 2.1 | 393.8 | 0.04 | 311.0 | 192.3 | −16.8 | 1.0 | 0.7 |
| 阿尔山市 | 18.0 | 30.6 | 0.40 | 52.1 | 219.8 | 16.5 | 8.6 | 6.7 |
| 科尔沁右翼前旗 | 68.4 | 51.1 | 2.01 | 56.1 | 294.3 | 3.3 | 32.8 | 33.9 |
| 科尔沁右翼中旗 | 54.8 | 31.8 | 1.42 | 48.1 | 259.6 | 12.3 | 26.3 | 23.9 |
| 扎赉特旗 | 54.8 | 80.1 | 1.77 | 66.4 | 323.4 | −7.6 | 26.3 | 29.9 |
| 突泉县 | 10.2 | 129.4 | 0.29 | 96.0 | 285.4 | −14.6 | 4.9 | 4.9 |

注：2022 年统计数据。

**（3）销售加工** 近年来，通过大豆产业强镇、大豆产业集群项目以及大豆深加工产业化等政策，重点扶持了龙鼎（内蒙古）农业股份有限公司、内蒙古蒙佳粮油工业集团有限公司、内蒙古万佳食品有限公司和扎赉特旗金柏穗粮油贸易有限公司。兴安盟现有大豆加工企业 19 家，产能 191 万吨，实际开工的有 15 家，2023 年开工率提高了 50%，增加了实际加工量 13.4 万吨，主要产品为豆油、酱油、腐竹等豆制品及原粮。

**（4）产业优势**

①资源优势　兴安盟位于内蒙古自治区的东北部，大兴安岭山脉中段。全盟无霜期为 95～145 天，大部地区在 110～130 天，年降水量平均 400～500 毫米，属温带大陆性季风气候，适合大豆等作物生长。全盟境内无污染、生态环境好、土壤肥沃，具有悠久的大豆种植历史和得天独厚的高品质资源禀赋，是内蒙古自治区主要的大豆种植黄金带和国家规划大豆振兴核心区。

②生产优势　兴安盟大豆优势产区主要有扎赉特旗、科尔沁右翼前旗、科尔沁右翼中旗和兴安农垦，据调度其中扎赉特旗 56 万亩，占全盟总面积的 25.1%，科尔沁右翼前旗 46 万亩，占全盟总面积的 20.6%，科尔沁右翼中旗 53 万亩，占总面积的 23.7%，兴安农垦 35.5 万亩，占总面积的 15.9%。目前兴安盟大豆机械化程度较高，全程机械化率达到 90%。其中以兴安农垦为代表的大豆主产区全部实现大豆种植、收获机械作业，播种质量、作业速率、收获质量较高。

③品牌优势

a. 发展土特产。着力打造土特产品牌，做大土特产文章，切实解决土特产"有牌不靓、有产不量、有坊不亮"的问题。目前突泉县六户干豆腐古法制作已被列入自治区级非物质文化遗产。

b. 打造加工品牌。盟内特色大豆制品包括蒙佳豆油、万佳酱油、万佳豆瓣酱等。依托当地特有的"有机、绿色、无公害"农产品为原料,以独有的高新技术、生产专利及国际前沿、国内领先的生产工艺酿造有机味噌、有机酱油、无添加高端品质酱油、酱类、豆油等。产品出口到以色列、美国、法国、德国、英国、日本、泰国、中国香港等 32 个国家和地区,并同时覆盖了内蒙古及全线进入东北三省和上海、深圳等国内局部区域市场。

④科研优势 兴安盟农牧科学研究所在良种繁育方面,近 5 年先后主持参与高油高蛋白大豆新品种选育、大豆耐盐碱种质资源精准鉴定、功能性大豆新品种选育、国家大豆生物育种产业化应用、大豆生物育种协同推广等项目 20 多项;收集种质资源 4 120 份,培育出 9 个新品种,其中兴豆 7 号含油量在全国名列前茅。目前有 7 个品种正在参加自治区区试,2024 年又申报了 6 个品种准备参加自治区区试。

在科研机构合作方面,依托国家大豆产业技术体系综合试验、内蒙古自治区生物育种技术创新中心、内蒙古大豆产业技术创新中心科研平台,近年来联合中国农业科学院作物研究所、中国农业科学院植物保护研究所、中国农业科学院油料作物研究所、内蒙古自治区农牧业科学院、呼伦贝尔市农牧科学研究所、北京大北农生物技术有限公司、中国种子集团有限公司等高校院所、企业,在种质资源收集与创制利用、人才培养、科研项目合作等方面建立了紧密的联系,尤其在生物育种产业化应用方面取得了显著的合作成果,得到了各级政府、部门及种植户的一致认可。

⑤良种繁育优势

a. 常规大豆制种。截至目前,全盟共有取得农作物种子生产经营许可证的大豆种业 3 家:兴安盟兴农种业有限责任公司、内蒙古农垦生产资料股份有限责任公司、内蒙古丰垦天润种业有限公司。但由于全盟大豆种业均为近一年内申请的农作物种子生产经营许可证,尚无大豆育种研发能力,目前也没有繁种安排。据 2023 年行业统计数据显示,在品种种植方面大豆种植面积超过 1 000 亩的品种有 130 个,种植面积超过 10 万亩的品种有 4 个,分别是黑河 43、北豆 53、嫩奥 4、华疆 2 号。

b. 生物育种大豆制种。2023 年兴安盟生物育种产业化应用大豆制繁种基地建设工作继续稳步落实,对大北农生物科技有限公司、中国种子集团大豆新品种开展生物育种制种,品种共有 10 个,分别为脉育系列 5 个、中联豆系列 5 个,新品种大豆繁育种面积共落实 8.03 万亩。

制种大县方面,在科尔沁右翼前旗争创国家级大豆制种大县,建设大豆生物育种种源生产基地和关键技术输出基地,力争全旗大豆制种面积突破 10 万亩。争创国家级大豆制种现代农业产业园,建设全国大豆生物育种创新引领中心、东北地区大豆种源供应基地、内蒙古种业产业融合发展示范区。实施整建制大豆单产提升,建设 30 万亩大豆单产能力提升示范田,努力将"试验田产量"转变为"大田产量"。

⑥产业发展优势 大豆产业集群项目计划总投资 6 000 万元,支持 5 家企业,通过项目实施,建设大豆新品种示繁基地,新增大豆精深加工生产线,新购大豆加工设备,并将大豆产业集群产出品进行系统的品牌策划活动与组织,建设线上线下旗舰店,并构建不同

场景的直播中心，通过传统媒体和新媒体推广至全国。其中加工端投入 3 600 万元，用于扩建味噌生产线、配套污水处理及品牌建设，增加产能 0.6 万吨，加工大豆 1 500 吨，主要用于生态味噌生产；建设大豆制种生产线一条，购买大豆制种生产线设备、配套设施，建设 2 400 平方米的大豆种子加工车间 1 座，采购智能化大豆种子加工流水线 1 套。销售端投入 1 900 万元，主要用于品牌包装设计、营销，品牌宣传及品牌旗舰店建设，树立优质品牌形象，扩大味噌等生态农产品市场，建设线上线下旗舰店，并构建不同场景的直播中心。制种端投入 500 万元，用于建设大豆新品种繁育基地。

⑦政策保障优势

a. 支持大豆产业发展。兴安盟科学调整玉米、大豆生产者补贴政策，拉大每亩大豆、玉米生产者补贴差距。

b. 将耕地轮作政策向大豆产业发展倾斜。2023 年耕地轮作面积 174 万亩，中央财政资金每亩补贴 150 元。为响应国家扩种大豆、油料战略，耕地轮作落实过程中，引导大豆主产区重点支持大豆生产和大豆玉米带状复合种植。

c. 灵活落实大豆政策性保险，为产业发展保驾护航。兴安盟除在乌兰浩特市、突泉县、科尔沁右翼中旗、阿尔山市和农垦集团继续实施国家大豆物化成本的政策性保险外，还分别在科尔沁右翼前旗和扎赉特旗两个国家大豆主产旗争取实施了完全成本保险和产值保险，为大豆产业发展注入了新动能。

**2. 2023 年大豆生产情况**

**(1) 种植情况** 2023 年兴安盟大豆种植面积达到 220.5 万亩，同比增加 12.1 万亩，增幅达到 5.8%；产量达到 6.7 亿斤，同比增加 0.78 亿斤，增幅达到 13.8%；亩均单产 304.6 斤，同比增加 21.5 斤，增幅达到 7.6%。

**(2) 生长特点** 5 月 5～15 日，选择低于当地无霜期 10 天以上，低于当地有效积温 200℃以上的品种进行播种，播种深度 4～5 厘米，播后镇压 1～2 遍。苗期至开花前，用窄铧子耥地两遍，达到松土和除草的目的，有灌溉条件的，遇旱及时灌水。6～7 月，大豆处于开花期和结荚期，此时不缺水是大豆高产的重要保障。9 月中下旬，大豆落叶后即可收获，收割后及时脱粒，避免大豆食心虫继续危害。

**(3) 种植品种**

①高蛋白品种 包括蒙豆 36、蒙豆 30、蒙豆 13、黑农 48、晨环 1 号、绥农 76 等，蛋白含量可达到 43% 以上。

②高油品种 包括垦农 23、登科 1 号、合丰 50、合丰 55、登科 13 等，粗脂肪含量可达到 22% 以上。

③高产品种 包括合丰 50、合农 85、黑农 84、黑农 531 等，在水肥管理到位的情况下，亩产量可达到 500 斤左右。

**(4) 主推技术**

①大豆大垄密植浅埋滴灌栽培技术 全盟年推广面积 12 万亩。采用大垄密植浅埋滴灌专用播种机，集密植与铺设浅埋滴灌管于一体，达到缩垄增行、增密、绿色高效的效果。采用 110 厘米垄上精播 4 行，采用宽窄行种植模式，小行距 20 厘米，大行距 30 厘米，在宽行间铺设滴灌带。该技术优势可以实现"一节、二增"。"一节"是节约水肥投

入，结合浅埋滴灌技术，提高肥料利用率，实现了水肥一体化，解决了春旱严重出苗难的问题。"二增"是指增加了垄距，相比大豆垄三栽培技术，由原来的小行距12厘米变成20厘米，大豆植株分布更加均匀合理。增加了行数，相比大豆垄三栽培技术，原来两垄130厘米种植4行，现在110厘米苗床种植4行，充分实现了缩垄增行。

②大豆大垄高台（平播）技术　全盟年推广面积30万亩。大豆大垄高台（平播）栽培技术是在大垄密植和垄上三行窄沟密植技术的基础上不断改进和完善而成，提高了土地综合利用率，实现了"缩垄增行"的增产高效栽培技术。播幅为110厘米，大垄高台（平播）技术苗带之间距离为20厘米，两垄苗间距为70厘米，亩保苗2.3万~3万株。适宜采用大豆大垄高台（平播）栽培技术的耕地为缓坡慢岗地，该技术在精细整地的基础上，保证适期播种，能使降水充分渗入耕地内蓄水保墒，在较大降雨时能排水保墒，防止耕层土壤流失。

③大豆垄三栽培技术　全盟年推广面积105万亩。大豆垄三栽培技术通过将原来60厘米匀垄种植改为65厘米垄上种植双苗带，苗带间距12~15厘米，增加了大豆种植密度，改善了行间通风透光性，有效提高了大豆干物质积累，增加了大豆的千粒重，为建造高产的光合群体奠定了基础。

**(5) 高产典型**　种植地点位于扎赉特旗好力保镇五家子村，无霜期126天，有效积温2 700℃，春季少雨，干燥多风，夏季短暂温热，降水集中，种植面积150亩，品种为黑农84，密度1.7万株/亩，4月3日深翻（40厘米）并施用农家肥，采用大垄密植浅埋滴灌栽培技术模式种植。5月6日顺源播种机导航精量播种，种肥根力多60斤/亩，播种深度4厘米，二次包衣，追肥4次，每次4千克/亩氨基酸液体肥，6月10日除草1次，200毫升/亩精广虎，6月20日中耕，7月20日百菌清500倍液预防锈病，8月5日高效氯氧菊酯3 000倍液预防食心虫，7月15日、8月15日、9月3日进行3次一喷多促（每次磷酸二氢钾2 000克/亩）。10月6日，经自治区专家组现场验收测产，实收亩产大豆633.6斤，再次刷新内蒙古地区大豆单产纪录。

**(6) 成本与效益**　种子、肥料、农药、农膜、机械作业等物化成本亩均250~300元，人工成本亩均100~200元，土地成本亩均300~500元，总成本亩均650~1 000元。以亩均产量300斤，每斤2.5元计算，亩产出750元，叠加生产者补贴340元/亩、耕地轮作150元/亩、耕地地力保护补贴74元/亩，亩效益1 314元，纯收益314~664元/亩。与上年同期相比略有下降，主要原因为大豆价格出现一定下滑。在叠加补贴的情况下，与亩产1 200斤玉米收益基本持平。

**3. 大豆产业发展存在问题**

**(1) 生产方面**　一方面，大豆比较效益不高。即使项目带动，政策发动多方措施推动下，受市场价格影响，大豆生产效益始终低于玉米，农户种植意愿低。大豆种植面积产能提升，大豆价格近3年逐年下跌，农民丰产不丰收。另一方面，重茬严重。适宜种植大豆且当地农户种植积极性较高的区域近几年已基本将潜力发掘殆尽，重茬及迎茬种植导致单位产量存在不同程度下降，如果无重大政策及市场利好，玉米比较效益高的产区改种大豆意愿低，强行扩大种植面积难以实现提高大豆产能的目标。

**(2) 仓储贸易方面**　兴安盟境内在2022年之前没有国家收储大豆的记录，仅2023年中储粮借用乌兰浩特市铁西粮库的一个标准库。多数个人粮库难以消化本地大豆，而是转卖给了黑龙江省，进行粮食贸易。

**（3）政策支撑方面** 中国农业发展银行等国有大型银行的贷款仅针对中储粮、中粮集团等国有大型粮食收储企业。本地的小型粮库、个人粮库有收购粮食意愿，由于缺少相关金融政策支持，银行不予贷款。

### 4. 大豆产业发展下一步建议

一是落实国储指标任务。争取建设、完善中央储备库，补足仓储能力不足短板，推动国家储备大豆量达到全盟大豆产量的 2/3 以上。使农民种植、生产出来的大豆能够得到颗粒归仓，从根本上解决大豆价格越扶持约下滑，影响种豆积极性的问题，保障农民稳产增收，保证产业发展规模稳中有增。

二是培育加工企业消化过剩产能。加快推进加工产品及食品等领域源头创新，组建大豆产业加工技术体系，不断完善大豆及豆制品技术标准，支持大豆加工和食品工业龙头企业创新发展，以及大豆初加工及精深加工等设备和厂房的升级改造。引进或新建大豆深加工企业，加大扶持力度，特别是在原料收储、技改、开发蛋白深加工等方面给予政策扶持及金融扶持。鼓励其采购国际先进大豆加工生产设备，生产百姓日常需求量较大的即食产品，如豆奶、豆粉及高端食用豆制品。

## （三）通辽市大豆产业发展报告

### 1. 大豆产业发展基本情况

**（1）基本情况** 2023 年全市大豆种植面积 64.3 万亩，占粮食播种总面积的 3.4%，单产为 232.9 斤/亩，总产 1.5 亿斤，占全市粮食总产的 0.79%。由于存在玉米大豆争地现象，大豆种植面积稳定在 30 万～40 万亩左右。2019 年全市大豆种植面积 43.5 万亩，亩均单产 217.5 斤，总产达到 0.95 亿斤；2020 年全市大豆种植面积 35.3 万亩，亩均单产 258.1 斤，总产达到 0.91 亿斤；2021 年全市大豆种植面积 26.8 万亩，亩均单产 245.0 斤，总产达到 0.66 亿斤；2022 年全市大豆种植面积 42.6 万亩，亩均单产 258.2 斤，总产达到 1.1 亿斤。近两年全市大豆面积总产量呈增加趋势，但亩均单产仍有所下降，生产能力仍有待提升（表 3-8）。

**表 3-8　通辽市大豆种植面积和产量统计**

| 年度 | 面积（万亩） | 比上年增减（%） | 总产量（亿斤） | 比上年增减（%） | 单产（斤/亩） | 比上年增减（%） | 占全市粮食作物播种面积（%） | 占全市粮食作物总产（%） |
|------|------|------|------|------|------|------|------|------|
| 2019 | 43.5 | −20.6 | 0.95 | −21.8 | 217.5 | −1.5 | 2.9 | 0.76 |
| 2020 | 35.3 | −18.7 | 0.91 | −3.6 | 258.1 | 18.7 | 1.9 | 0.53 |
| 2021 | 26.8 | −24.1 | 0.66 | −27.9 | 245.0 | −5.1 | 1.4 | 0.37 |
| 2022 | 42.6 | 58.9 | 1.1 | 67.4 | 258.2 | 5.4 | 2.3 | 0.59 |
| 2023 | 64.3 | 51.1 | 1.5 | 36.3 | 232.9 | −9.8 | 3.4 | 0.79 |

注：2019—2023 年统计数据。

**（2）产区分布** 全市大豆主要分布在科尔沁左翼后旗、扎鲁特旗、奈曼旗、库伦旗、科尔沁左翼中旗、开鲁县等甸子地、山坡地、盐碱地等地力贫瘠地区、旱作地区，部分在林间种植。2022 年扎鲁特旗的大豆种植面积最大，为 12.57 万亩，同比增加了 75.2%；产量为 0.30 亿斤，同比增加了 86.4%；亩均单产为 241.0 斤，同比增加了 6.4%。种植面积超 5 万亩的旗县区还有科尔沁左翼后旗和奈曼旗，种植面积同比分别增加了 24.8% 和 60.7%（表 3-9）。

表 3-9 通辽市大豆主产旗县情况统计

| 旗县 | 面积（万亩） | 比上年增减（%） | 总产量（亿斤） | 比上年增减（%） | 单产（斤/亩） | 比上年增减（%） | 占全市大豆播种面积（%） | 占全市大豆总产（%） |
|---|---|---|---|---|---|---|---|---|
| 科尔沁区 | 1.17 | 59.2 | 0.04 | 59.4 | 346.0 | 0.2 | 2.7 | 3.6 |
| 科尔沁左翼中旗 | 3.02 | 46.3 | 0.09 | 50.7 | 284.0 | 3.0 | 7.1 | 7.6 |
| 开鲁县 | 4.31 | 71.5 | 0.14 | 75.5 | 328.6 | 2.3 | 10.1 | 12.6 |
| 科尔沁左翼后旗 | 10.32 | 24.8 | 0.25 | 31.4 | 244.9 | 5.3 | 24.2 | 22.4 |
| 奈曼旗 | 5.63 | 60.7 | 0.15 | 92.3 | 265.7 | 19.7 | 13.2 | 13.3 |
| 库伦旗 | 4.73 | 85.5 | 0.13 | 111.5 | 273.7 | 14.0 | 11.1 | 11.5 |
| 扎鲁特旗 | 12.57 | 75.2 | 0.30 | 86.4 | 241.0 | 6.4 | 29.5 | 26.9 |
| 霍林郭勒市 | 0.81 | 7652.4 | 0.02 | 7919.1 | 295.5 | 3.4 | 1.9 | 2.1 |

注：2022 年统计数据。

**（3）销售加工**

①销售情况 据农情调度，产出大豆 30% 由农户自留，70% 由当地散户收购，截至目前，全市大豆销售量 6.0 吨，销售进度 70.2%，较同期进度慢了 6.54 个百分点。

②价格变化 目前大豆市场收购价格为 2.4 元/斤，包括政策性补贴 400 元/亩在内，亩均收益在 300 元左右，收益较低，农户普遍惜售。

③加工情况 全市目前有 5 家企业经营大豆，分别为内蒙古玛拉沁生物科技有限责任公司、内蒙古老哈河粮油工业有限责任公司、内蒙古京通农业发展有限公司、内蒙古蒙深良牧生态农业发展有限责任公司、通辽市蒙优食品加工有限责任公司。

**（4）产业优势**

①资源优势 通辽市春季干旱大风多，夏季炎热降雨集中，秋季凉爽短促，气温下降快，霜冻北早南晚，冬季漫长少雪寒冷。年平均气温中部平原 5~6℃，南部在 6℃ 以上，北部山区为 0~6℃。≥10℃ 的积温鲁北以南为 3 000~3 200℃，鲁北以北为 2 200~3 000℃，霍林河地区为 1 900~2 200℃。无霜期鲁北以南为 140~160 天，鲁北以北为 140 天以下。年降水量变化在 305~485 毫米之间，年降水的 70% 集中在 6~8 月。作物生长期（4~9 月）日照时数为 1 577~1 709 小时，雨热同期，有利于大豆生长及物质转化和积累。

②政策保障优势 借助大豆生产者补贴、耕地轮作补贴，合理平衡收益差距，提高大豆生产者补贴标准，通过实施绿色高产高效、优质高效增粮项目，聚焦主产区，开展小面

积高产攻关和大面积示范推广。

**2. 2023 年大豆生产情况**

**(1) 种植情况** 2023 年全市大豆种植面积 64.35 万亩（其中大豆玉米带状复合种植面积 24.3 万亩），占全区大豆播种面积的 3.5%，较 2022 年增长 21.79 万亩，增加面积主要是因为春季干旱及低温影响，大部分地区春播较晚，生育期较长的高产作物无法种植。全市大豆产量 1.5 亿斤，占全区大豆产量的 3.1%，较 2022 年增长 0.37 亿斤，单产为 232.9 斤/亩。

**(2) 种植品种** 通辽市大豆品种以高蛋白型为主，种子主要从吉林、辽宁、黑龙江及赤峰市等地调入，扎鲁特旗鲁北以南主要品种有东豆 29、开育 12、吉育 206，扎鲁特旗北部主要品种有华疆 2 号、黑河 45 等。品种主推中吉 602 和吉育 86，模式主推 110 厘米四行模式。

**(3) 主推技术** 平畦单垄双行或者大垄三行，亩用种量 8～10 斤左右，亩种植密度 1.5 万～1.8 万株。大豆蛋白含量在 36% 左右，色泽度饱满。每个大豆示范旗县主推大豆大垄密植浅埋滴灌高产栽培技术模式 1 套。具体包括大豆大垄高台密植、大豆浅埋滴灌、大豆玉米带状复合种植、农药化肥减量增效、大豆种植全程机械化等技术模式。

**(4) 高产典型** 通辽市科尔沁区育新镇敖灯台村大豆百亩片亩产 573.9 斤；通辽市科尔沁左翼后旗查日苏镇幸福嘎查大豆千亩田亩产 450 斤；通辽市扎鲁特旗查布嘎图苏木乃林嘎查大豆千亩田亩产 449.64 斤。

**(5) 成本与效益**

① **成本** 按水浇地来计算：整地费 50 元/亩、种子 40 元/亩、追肥和底肥 65 元/亩、农药 15 元/亩、滴灌带 55 元/亩、浇地 80 元/亩、中耕（包括除草和喷药）30 元/亩、收获 50 元/亩，共计投入 385 元/亩。按旱地来计算：水浇地投入成本中扣除滴灌带和浇地费 135 元/亩，共计投入 250 元/亩。

② **效益** 以大豆收购价格为 2.4 元/斤测算，包括亩均 400 元左右政策性补贴在内，亩均收益在 300 元左右。

**3. 大豆产业发展存在问题**

一是比较种植收益低。农户往往选择年度间产量稳定、经济效益高的作物进行种植。而大豆产量低、单产水平低、市场价格波动大，直接影响了农民种植积极性，也成为制约大豆扩种的主要因素。以玉米为例，水浇地上亩均种植效益约 1 200 元，较大豆种植效益高约 700 元；旱地上亩均种植效益约为 800 元，较大豆种植效益高约 400 元，多数农民依旧选择种植玉米等收益高的农作物。二是扶持政策仍需加强。近年来国家对大豆生产者的扶持力度较大，但在大豆加工、销售、收储等方面仍需加强。三是育种创新还需加大力度。大豆产量低是影响种植积极性的重要因素，需要进一步加大对高产新品种研发及新技术应用的支持力度，开展大豆育种攻关，鼓励科研院所和科技工作者充分挖掘大豆生产潜力。

**4. 大豆产业发展下一步建议**

一是加大政策扶持力度。一方面持续稳定实施大豆生产者补贴、耕地轮作补贴，合理平衡收益差距，调动农民种植大豆的积极性，扩大大豆种植面积。另一方面实施绿色高产高效、优质高效增粮、大豆单产提升等项目，开展小面积高产攻关和大面积示范推广，带动农户增产增收。

二是强化技术指导服务。以农业技术推广部门为主，组建大豆单产提升行动专家组，在关键农时季节，开展现场观摩、集中培训、巡回指导等，指导农民做好大豆春耕备耕、田间管理等工作，落实增产增效关键技术。

三是做好政策宣传引导。发挥"三农"政策的激励效应，切实加强政策宣传解读，通过政府网站、主流媒体等渠道，多措并举释放明确信号，提高农民种植大豆积极性，引导农民合理安排种植结构，确保大豆扩种取得新的成效。

### （四）赤峰市大豆产业发展报告

#### 1. 大豆产业发展基本概况

**（1）基本情况** 2023年全市大豆种植面积118.1万亩，平均亩产155.0斤，总产1.8亿斤，占全市粮食作物总播种面积的6.9%，粮食总产的1.4%。近5年由于受生产者补贴、耕地轮作补贴等利好政策影响，全市大豆生产稳定在100万亩左右。2019年全市大豆种植面积92.3万亩，平均亩产201.9斤，总产达到1.9亿斤；2020年全市大豆种植面积94.7万亩，平均亩产207.9斤，总产达到2.0亿斤；2021年全市大豆种植面积87.8万亩，平均亩产217.0斤，总产达到1.9亿斤；2022年全市大豆种植面积114.4万亩，平均亩产227.3斤，总产达到2.6亿斤。全市大豆单产呈稳定增加趋势，生产能力也在增加，但平均单产仍低于全国平均水平，与先进地区相比仍然有着较大的差距（表3-10）。

**表3-10 赤峰市大豆种植面积和产量统计**

| 年度 | 面积（万亩） | 比上年增减（%） | 总产量（亿斤） | 比上年增减（%） | 单产（斤/亩） | 比上年增减（%） | 占全市粮食作物播种面积（%） | 占全市粮食作物总产（%） |
|---|---|---|---|---|---|---|---|---|
| 2019 | 92.3 | 20.5 | 1.9 | 22.9 | 201.9 | 0.1 | 5.6 | 1.6 |
| 2020 | 94.7 | 2.6 | 2.0 | 5.3 | 207.9 | 3.0 | 5.7 | 1.6 |
| 2021 | 87.8 | -7.3 | 1.9 | -5.0 | 217.0 | 4.4 | 5.2 | 1.5 |
| 2022 | 114.4 | 30.3 | 2.6 | 36.8 | 227.3 | 4.7 | 6.7 | 2.0 |
| 2023 | 118.1 | 12.2 | 1.8 | -30.8 | 155.0 | -31.8 | 6.9 | 1.4 |

注：2019—2023年统计数据。

**（2）产区分布** 全市各旗县区均有大豆种植，以翁牛特旗的大豆种植面积最大，2022年达到31.6万亩，同比增加12.3%，面积超10万亩的旗县区还有松山区、巴林左旗、巴林右旗和敖汉旗，2022年种植面积同比分别增加了16.8%、44.5%、48.6%和30.5%。全市大豆种植以单作方式为主，而在中部和南部的红山区、元宝山区、喀喇沁旗、宁城县等旗县以大豆和玉米、向日葵、幼果林等间作较多。全市大多采用地膜全覆膜或半覆膜与膜下滴灌等技术结合的方式进行大豆生产种植（表3-11）。

表 3-11　2022 年赤峰市大豆主产旗县情况统计

| 旗县 | 面积（万亩） | 比上年增减（%） | 总产量（亿斤） | 比上年增减（%） | 单产（斤/亩） | 比上年增减（%） | 占全市大豆播种面积（%） | 占全市大豆总产（%） |
|---|---|---|---|---|---|---|---|---|
| 红山区 | 2.6 | 33.6 | 0.03 | −8.0 | 104.6 | −31.1 | 2.3 | 1.1 |
| 元宝山区 | 2.1 | 40.7 | 0.03 | 44.6 | 158.7 | 2.8 | 1.8 | 1.3 |
| 松山区 | 18.6 | 16.8 | 0.37 | 35.9 | 196.9 | 16.4 | 16.3 | 14.3 |
| 阿鲁科尔沁旗 | 3.5 | 77.9 | 0.09 | 49.4 | 265.9 | −16.1 | 3.1 | 3.7 |
| 巴林左旗 | 15.7 | 44.5 | 0.42 | 49.3 | 268.4 | 3.3 | 13.7 | 16.5 |
| 巴林右旗 | 14.2 | 48.6 | 0.31 | 21.5 | 216.2 | −18.3 | 12.4 | 12.0 |
| 林西县 | 7.1 | 41.5 | 0.18 | 33.0 | 252.6 | −6.0 | 6.2 | 7.0 |
| 克什克腾旗 | 5.8 | 53.7 | 0.15 | 49.8 | 261.6 | −2.6 | 5.0 | 5.9 |
| 翁牛特旗 | 31.6 | 12.3 | 0.62 | 23.9 | 195.1 | 10.4 | 27.7 | 24.2 |
| 喀喇沁旗 | 1.3 | 89.2 | 0.03 | 33.5 | 263.7 | −29.4 | 1.1 | 1.3 |
| 宁城县 | 1.8 | 157.0 | 0.06 | 113.2 | 340.0 | −17.1 | 1.5 | 2.3 |
| 敖汉旗 | 10.2 | 30.5 | 0.26 | 31.3 | 258.2 | 0.6 | 8.9 | 10.3 |

注：2022 年统计数据。

**（3）销售加工**

①销售情况　赤峰市生产的大豆普遍是本地自产自销，鲜少向外地运输销售。目前大豆市场价格 2.15～2.5 元/斤，养殖业购买饲料 2.75～2.8 元/斤，因此有养殖户将大豆就地转化为饲料。目前已有规模化种植户向外销售大豆，但是由于市场价格偏低，大部分仍滞留于农户手中，与上年同期相比销售进度偏慢。

②价格情况　秋季大豆价格有所下降，市场价格在 2.6～2.75 元/斤，去年价格在 2.8～2.9 元/斤，价格低于农户预期，农户存在惜售心理。进入 12 月以来，国产大豆现货价格持续下跌，加上近段时间多个中储粮发布通知已完成或接近完成大豆收购任务，进一步引起大豆市场价格持续走低，个别地区市场价格为 1.15～1.2 元/斤。种植户销售大豆积极性普遍不高，有些种养结合农户直接自己留用养殖。从各地粮商收购的情况来看，粮商收购积极性并不高，且大豆走货速度偏慢，需求有限。

③加工情况　全市目前有大豆加工企业 10 家，设备年加工能力 16.65 万吨，年实际加工量在 4 万吨左右，年销售收入 3.31 亿元，主要产品为黄豆酱、酱油、豆油等。中心城区有众多豆制品加工厂，相对规模较大的几家，日加工大豆 1 吨以上，主要生产豆干、豆片、豆腐、豆豉和酱油等。预计本地加工企业能消化总量 1/3，农户自留大豆 1/3。

**（4）产业优势**

①资源优势　全市耕地面积 2 740 万亩，年均降水量 380～420 毫米，平均年日照 2 850～3 100 小时，无霜期 120～150 天左右，≥10℃有效积温 1 900～3 300℃，属于积温较长、温差较大地区，为大豆生长发育、有机物质转化积累提供了先决气候条件，也为各地区根据日照积温合理选择不同熟期的早、中熟大豆品种提供了广阔的多样性选择。

②生产优势　全市大豆种植面积较大旗县区有翁牛特旗、巴林左旗、巴林右旗、松山

区和敖汉旗，约占总面积的80％。全市在工商管理部门注册登记的农民专业合作社超过2.5万家，家庭农场0.2万余家，种植大户14万余户，规模以上农业产业化龙头企业近千家，市级重点龙头企业300余家，拥有机具30 000余台（套），具有专业化粮食收购、特色农产品、先进化农业一条龙服务性合作社基础。

③品牌优势 内蒙古川好调味品有限公司，坐落于内蒙古赤峰市红山高新技术产业开发区内，占地面积25.5亩，建筑面积1.5万平方米，年生产能力6 500吨，产值3 000万元，年销售额3 000万元，是标准化、规模化和各类基础设施完善的现代化新厂区，是初具规模的现代化调味品酿造企业，通过了ISO9001质量管理体系认证，在内蒙古自治区调味品行业中位居前列。

④科研优势 现有大豆科研单位赤峰市农牧科学研究所，主要育成品种赤豆1号、赤豆3号、赤豆4号、赤豆5号等。

⑤产业发展优势 2023年翁牛特旗毛山东乡被批准建设大豆产业强镇，项目总投资1 214.17万元，其中中央财政资金300万元，自筹资金914.17万元，项目实施主体为赤峰凯峰商贸有限公司，公司2022年销售收入6 610万元，设备年加工能力3万吨，实际加工量1.5万吨，主要产品为荞麦米、小米等。主要建设内容包括：投资328.17万元（其中中央财政资金300万元，企业自筹28.17万元）新建年产5 000吨大豆粉加工生产线1条，自筹315万元提升改造1 400亩大豆种植基地，自筹520万元建设农产品交易平台，自筹51万元购置大豆植保设备等。目前300万元中央财政资金已拨付翁旗财政局，待项目建成验收后拨付实施主体。项目实施主体目前正在办理加工车间开工许可证及相关手续，预计于2024年1月办理完成，4月初左右开工，7月底建设完成。

⑥政策保障优势 2023年赤峰市提高各旗县区大豆生产者补贴标准，结合绿色高质高效项目，共在巴林左旗、巴林右旗、松山区安排了3个大豆项目区，项目区大豆亩均产量316斤，较周边增产52斤，增产率17.9％，项目区总增产369吨。

**2.2023年大豆产业发展基本情况**

**(1) 种植情况** 2023年全市大豆种植面积118.1万亩，较上年增加了3.7万亩，大多种植在山旱地（占90％以上），只有很少种植在条件较好的水浇地、滴灌田（不足10％）。灾害情况方面，今年赤峰市遭遇特大干旱，大豆总产较上年减少了0.8亿斤，平均亩产较上年减产72.3斤。有利因素是早霜时间普遍推迟，有利于作物籽粒灌浆和产量形成，籽粒饱满充实，容重大，品质好。

**(2) 种植品种** 目前全市大豆种植品种有60余个，种植面积较大的品种有赤豆3、赤豆4、赤豆5、黑农84、吉育86等。

**(3) 主推技术** 大豆无膜浅埋滴灌水肥一体化种植模式：一是选择高质量的种子，播种前使用根瘤菌剂进行拌种；二是播种前精细整地，采用卫星导航自动驾驶拖拉机进行机械精量播种，播种质量确保一次全苗；三是测土配方施肥，播种时减少化肥特别是氮肥用量，根据植株长势全生育期喷施磷酸二氢钾和多元素叶面肥4～5次，有滴灌条件的，分别在大豆初花期和结荚期应用水肥一体化技术，每亩追施6-7-42复合肥3千克，在结荚期用植保无人机或大型喷雾机械喷施叶面肥；四是化学除草与机械中耕除草相配合，全生育期水肥调控与盛花期化学调控相结合，在提高大豆结荚率、载体生产量的同时改善品质；五是科学地防治病虫害；六是精准收获。

大豆覆膜滴灌水肥一体化种植模式：一是大豆与玉米、杂粮等轮作倒茬种植；二是春季耕翻土壤，耕翻后及时耙耢脱平；三是选用有限或亚有限结荚品种，播前种子包衣、根瘤菌拌种；四是选用 0.010 毫米地膜，5 月上中旬播种，每亩保苗 1.2 万～1.5 万株，一次性完成精量播种、精准施肥、铺滴灌带、喷除草剂、覆土镇压等作业程序；五是适量施用种肥（减少氮肥投入），滴水出苗，封闭除草；六是在大豆进入开花结荚期以后喷施硼、钼等微肥 1～2 次，喷施磷酸二氢钾叶面肥 1～2 次；七是注意防治大豆根腐病、胞囊线虫病、病毒病、地下害虫、食心虫等；八是大豆叶片全部脱落，植株呈现本品种固有色泽时收获，收获时尽量减少损失。

**（4）高产典型** 实施大豆重大技术协同推广项目，在巴林右旗 120 亩项目区采用膜侧滴灌种植水肥一体化技术模式，种植品种为赤豆 5，每亩实际保苗超过 18 000 株，应用大豆原种，采用根瘤菌技术，北斗导航机械化精量播种，播种时减少氮肥施用量，分别在大豆分枝期、开花结荚期、鼓粒期进行 3 次叶面施肥，大豆封垄前在田间进行 2 次中耕作业，亩均实收 1 081.6 斤，创赤峰大豆百亩方高产纪录。市、旗农技人员及时组织召开现场观摩会，取得了较好的社会效益。

**（5）成本与效益** 2023 年全市大豆亩均种植成本为 715 元，其中亩均生产成本为 290 元、劳动力成本 225 元、土地租赁成本 200 元，相比 2022 年亩均种植成本增加 35 元，增加成本主要包括灌溉、化肥和土地租赁三项。2023 年全市大豆亩均净收益 372.0 元，比 2022 年减少 217.4 元，主要是因为干旱导致产量、品质下降，进而影响到收益。

**3. 大豆产业发展存在问题**

**（1）生产方面** 一方面，赤峰市是典型的浅山丘陵旱作农业区，干旱缺水制约了大豆产量的提升。另一方面，大豆单产水平低，种植收益较差，与玉米等作物相比亩均种植收益相差大，农民普遍不愿意将大豆种植在条件较好的水浇地和滴灌田。

**（2）加工方面** 全市缺乏大豆深加工龙头企业，现有的大豆加工企业其产品主要是黄豆酱、酱油、豆油等初加工产品。由于深加工能力不足、产业链条短、加工成本高、产品附加值低，企业的加工利润十分有限，企业发展深加工、研发产品的积极性不高，对农户发展大豆生产的带动力不足。

**（3）技术支撑方面** 北部旗县大多种植蒙豆、东农、吉育、合丰、黑农、黑河系列品种，中南部旗县大多种植赤豆系列、吉育系列品种。生产上使用的品种较多而分散，单一品种千亩方规模化种植户很少。大豆田灰菜、籽粒苋和铁苋菜等恶性杂草难控制，增加了生产成本，近年菌核病的发生与流行也对当地大豆生产造成了一定影响。全市大豆种植在经营方式、管理模式上仍然不尽完善，缺少大型农用机械，由于整地质量不高导致播种质量差，种子出苗不匀，保苗率不足，田间实际每亩保苗在 1.0 万株左右，难以发挥品种的增产稳产特性。

**（4）政策支撑方面** 目前政府虽对大豆生产加工投入了较大的政策支持，但部分企业和农户因效益低对大豆加工利用的投资少、技术研究少，缺乏适宜的加工设备和技术，加工大部分还停留在人工挑选、简单过筛去杂、表面抛光等初级水平。大多经过简单包装后直接以原粮形式销售，精深加工转化增值能力不足，产品科技含量低，缺少名优品牌，在市场上价格竞争能力不足。

### 4. 大豆产业发展预测及下一步工作建议

**（1）大豆产业发展预测**　通过对各旗县区及示范农户进行调查，2024 年全市大豆预计种植面积 100 万～110 万亩，通过应用优质品种、推广绿色增效技术，预计大豆平均单产达到 230 斤/亩，产能达到 2.5 亿斤。

**（2）大豆产业发展建议**

①根据不同区域、不同作物的生产需求，选用优良品种　加强优异种质资源的引进与创新，重点选育高产优质、多抗广适、适于机械化生产的新品种。抓好优良品种栽培技术配套，发挥良种的增产潜力。开展新品种新技术的展示和高产示范工作，发挥种植合作社、种粮大户等新型经营主体的带动作用，做好高产典型宣传，提高技术应用普及率，带动区域大豆生产不断发展。

②农机农艺融合　引进开发经济、轻便实用、性能稳定的大豆播种、中耕、收获及脱粒机械。在深松整地、秸秆还田、土壤培肥、粮豆轮作、病虫害防治和轻简机械化技术方面加大示范推广力度，形成适用于不同区域的大豆生产技术体系，提高大豆单产和种植效益。筛选高效低毒，效果稳定无残留的大豆除草剂。

③加大政策支持力度，调动农民种豆积极性　尤其是对合作社、家庭农场等新型经济体加大政策扶持，调动农户种植大豆积极性，实现大豆生产规模化、产业化。

④增产增效技术模式应用推广　进一步完善大豆玉米间套作共用除草剂技术，减少药害；完善配套播种、收获机械，保证播种质量，大豆玉米品种配套密度合适，收获机械技术到位，实现增产增效目标。

# 附　　录

## 玉米产业链部分

### 附件 1

#### 2019—2023 年全区玉米种植面积和产量统计表

| 年度 | 面积（万亩） | 总产（亿斤） | 比上年增减（%） | 单产（斤/亩） | 比上年增减（%） | 占全区粮食作物播种面积（%） | 占全区粮食作物总产（%） |
|---|---|---|---|---|---|---|---|
| 2019 | 5 664.5 | 544.46 | 0.8 | 961.2 | −0.08 | 55.3 | 74.5 |
| 2020 | 5 735.9 | 548.5 | 0.7 | 956.4 | −0.5 | 56 | 74.9 |
| 2021 | 6 306.9 | 598.8 | 9.2 | 949.6 | −0.7 | 61.1 | 78.0 |
| 2022 | 6 291.9 | 619.7 | 3.5 | 985.0 | 3.7 | 60.3 | 79.4 |
| 2023 | 6 420.4 | 635.9 | 16.2 | 990.5 | −0.25 | 61.3 | 80.3 |

### 附件 2

#### 2023 年玉米重点旗县面积清单

| 序号 | 盟市 | 旗县 | 面积（万亩） |
|---|---|---|---|
| 1 | 兴安盟 | 扎赉特旗 | 432 |
| 2 | 兴安盟 | 科尔沁右翼前旗 | 266 |
| 3 | 兴安盟 | 科尔沁右翼中旗 | 212 |
| 4 | 兴安盟 | 突泉县 | 194 |
| 5 | 兴安盟 | 乌兰浩特市 | 57 |
| 6 | 锡林郭勒盟 | 多伦县 | 20 |
| 7 | 乌兰察布市 | 四子王旗 | 53 |
| 8 | 乌兰察布市 | 丰镇市 | 40 |

（续）

| 序号 | 盟市 | 旗县 | 面积（万亩） |
|---|---|---|---|
| 9 | 乌兰察布市 | 察哈尔右翼前旗 | 27 |
| 10 | 乌兰察布市 | 凉城县 | 25 |
| 11 | 乌兰察布市 | 兴和县 | 22 |
| 12 | 乌兰察布市 | 察哈尔右翼中旗 | 14 |
| 13 | 乌兰察布市 | 商都县 | 14 |
| 14 | 乌兰察布市 | 察哈尔右翼后旗 | 10 |
| 15 | 通辽市 | 科尔沁左翼中旗 | 387 |
| 16 | 通辽市 | 科尔沁左翼后旗 | 319 |
| 17 | 通辽市 | 奈曼旗 | 272 |
| 18 | 通辽市 | 科尔沁区 | 224 |
| 19 | 通辽市 | 扎鲁特旗 | 189 |
| 20 | 通辽市 | 开鲁县 | 180 |
| 21 | 通辽市 | 库伦旗 | 119 |
| 22 | 呼伦贝尔市 | 扎兰屯市 | 266 |
| 23 | 呼伦贝尔市 | 莫力达瓦达斡尔族自治旗 | 218 |
| 24 | 呼伦贝尔市 | 阿荣旗 | 200 |
| 25 | 呼伦贝尔市 | 鄂伦春自治旗 | 26 |
| 26 | 呼和浩特市 | 土默特左旗 | 138 |
| 27 | 呼和浩特市 | 托克托县 | 89 |
| 28 | 呼和浩特市 | 和林格尔县 | 73 |
| 29 | 呼和浩特市 | 赛罕区 | 33 |
| 30 | 呼和浩特市 | 清水河县 | 13 |
| 31 | 鄂尔多斯市 | 达拉特旗 | 157 |
| 32 | 鄂尔多斯市 | 杭锦旗 | 60 |
| 33 | 鄂尔多斯市 | 乌审旗 | 60 |
| 34 | 鄂尔多斯市 | 准格尔旗 | 49 |
| 35 | 鄂尔多斯市 | 鄂托克前旗 | 36 |
| 36 | 鄂尔多斯市 | 伊金霍洛旗 | 34 |
| 37 | 鄂尔多斯市 | 鄂托克旗 | 33 |
| 38 | 赤峰市 | 敖汉旗 | 151 |

（续）

| 序号 | 盟市 | 旗县 | 面积（万亩） |
|------|------|------|------|
| 39 | 赤峰市 | 阿鲁科尔沁旗 | 138 |
| 40 | 赤峰市 | 翁牛特旗 | 133 |
| 41 | 赤峰市 | 宁城县 | 105 |
| 42 | 赤峰市 | 巴林左旗 | 104 |
| 43 | 赤峰市 | 松山区 | 100 |
| 44 | 赤峰市 | 巴林右旗 | 92 |
| 45 | 赤峰市 | 喀喇沁旗 | 46 |
| 46 | 赤峰市 | 林西县 | 35 |
| 47 | 赤峰市 | 元宝山区 | 26 |
| 48 | 赤峰市 | 克什克腾旗 | 22 |
| 49 | 包头市 | 土默特右旗 | 121 |
| 50 | 包头市 | 固阳县 | 28 |
| 51 | 包头市 | 达尔罕茂明安联合旗 | 18 |
| 52 | 包头市 | 九原区 | 17 |
| 53 | 巴彦淖尔市 | 乌拉特前旗 | 131 |
| 54 | 巴彦淖尔市 | 临河区 | 90 |
| 55 | 巴彦淖尔市 | 乌拉特中旗 | 72 |
| 56 | 巴彦淖尔市 | 五原县 | 62 |
| 57 | 巴彦淖尔市 | 杭锦后旗 | 61 |
| 58 | 巴彦淖尔市 | 磴口县 | 50 |
| 59 | 巴彦淖尔市 | 乌拉特后旗 | 13 |
| 60 | 阿拉善左旗 | 阿拉善左旗 | 24 |
| 合计 | | | 6 203 |

# 附件 3

## 2023 年各盟市鲜食玉米种植面积

| 盟市 | 鲜食玉米面积（万亩） |
|------|------|
| 呼伦贝尔市 | 2 |
| 兴安盟 | 3 |

（续）

| 盟市 | 鲜食玉米面积（万亩） |
|---|---|
| 通辽市 | 5 |
| 赤峰市 | 10 |
| 锡林郭勒盟 | 1 |
| 乌兰察布市 | 17 |
| 呼和浩特市 | 10 |
| 包头市 | 1 |
| 鄂尔多斯市 | 4 |
| 巴彦淖尔市 | 7 |
| 乌海市 | — |
| 阿拉善盟 | — |
| 合计 | 60 |

## 附件 4

### 2023 年各盟市玉米籽粒直收面积

| 盟市 | 籽粒直收面积（万亩） |
|---|---|
| 呼伦贝尔市 | 235.7 |
| 兴安盟 | 26.55 |
| 通辽市 | 30.4 |
| 赤峰市 | 1 |
| 锡林郭勒盟 | 0.85 |
| 乌兰察布市 | 109.645 |
| 呼和浩特市 | — |
| 包头市 | 51.4 |
| 鄂尔多斯市 | 8.8 |
| 巴彦淖尔市 | 15.2 |
| 乌海市 | 0.693 |
| 阿拉善盟 | — |
| 合计 | 480.238 |

附件5

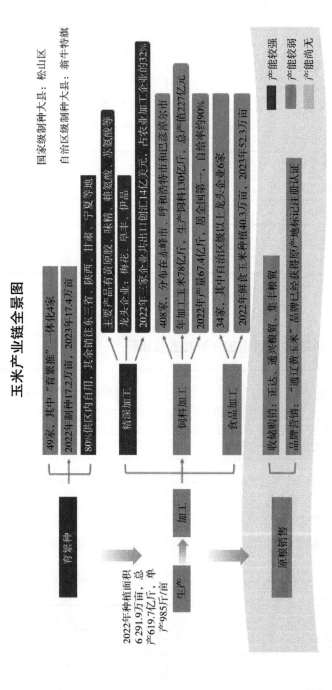

玉米产业链全景图

附件6

## 玉米产业链招商远景图

**基础端**

短板:缺少耐密宜机收的新品种

目标企业:
制育种企业:先正达集团、中国种业集团、山东登海种业、合肥丰乐种业、甘肃省敦煌种业、袁隆平农业高科技、北京金色农华种业科技
制种大号:赤峰市松山区和翁牛特旗

措施:支持企业造育耐密高产突破性新品种,提升育种水平

**加工端**

短板:精深加工高附加值产品少,鲜食玉米处于起步期,饲料企业加工规模小

目标企业:
生物医药:厦门金达威、神舟生物科技、浙江医药、云南白药集团、齐鲁制药、米亚生物
淀粉:青援食品、东莞市受昕贸易、广饶田枫生物科技、东明玉米淀粉厂、西王食品
玉米食品:中国供销集团、北京首农食品集团、上好佳食品、徐福记食品
其他:粮力多生物科技、山东泰生生物科技、北京精耕天下农业
饲料:辽宁禾丰集团、禾辰牧业

措施:加强同国内外国工企业的交流合作,以商招商

**销售端**

短板:缺少品牌认定,仓储流通弱

目标企业:
食品:唐山宠丰食品有限公司
农产品研发:中粮生物科技股份有限公司
物流:中粮集团、中国华粮特流集团、北大荒粮食物流、北京首农食品集团

措施:打造区域公用和企业品牌,籽粒直收,处于储存,适期销售

**附件7**

## 2023年玉米产业链龙头企业表

### 初加工

| 序号 | 企业名称 | 级别 | 盟市 | 主要产品 |
|---|---|---|---|---|
| 1 | 赛罕区内蒙古正大有限公司 | 国家级 | 呼和浩特市 | 饲料 |
| 2 | 内蒙古正大有限公司五原分公司 | 国家级 | 巴彦淖尔市 | 饲料 |
| 3 | 内蒙古富川饲料科技股份有限公司 | 国家级 | 巴彦淖尔市 | 饲料 |
| 4 | 内蒙古草原万旗畜牧饲料有限公司 | 国家级 | 赤峰市 | 饲料 |
| 5 | 内蒙古通辽岳泰股份有限公司 | 国家级 | 通辽市 | 饲料 |
| 6 | 正大饲料（和林）有限公司 | 自治区级 | 呼和浩特市 | 饲料 |
| 7 | 乌兰察布市牧泉元兴饲料有限公司 | 自治区级 | 乌兰察布市 | 饲料 |
| 8 | 内蒙古四季春饲料有限公司 | 自治区级 | 呼和浩特市 | 饲料 |
| 9 | 内蒙古三阳牧业有限公司 | 自治区级 | 兴安盟 | 饲料 |
| 10 | 内蒙古中润生物科技有限公司 | 自治区级 | 赤峰市 | 饲料 |
| 11 | 内蒙古华富饲料有限责任公司 | 自治区级 | 呼和浩特市 | 饲料 |
| 12 | 包头九州大地生物技术有限公司 | 自治区级 | 包头市 | 饲料 |
| 13 | 内蒙古斯隆生物技术有限责任公司 | 自治区级 | 呼和浩特市 | 饲料 |
| 14 | 突泉县松森牧业 | 自治区级 | 兴安盟 | 饲料 |
| 15 | 通辽市科翔饲料有限公司 | 自治区级 | 通辽市 | 饲料 |
| 16 | 内蒙古畅生源生物科技有限公司 | 自治区级 | 巴彦淖尔市 | 饲料 |
| 17 | 巴彦淖尔市飞虹饲料科技有限公司 | 自治区级 | 巴彦淖尔市 | 饲料 |
| 18 | 赤峰中正饲料有限公司 | 自治区级 | 赤峰市 | 饲料 |
| 19 | 内蒙古四海农牧科技有限责任公司 | 自治区级 | 锡林郭勒盟 | 饲料 |
| 20 | 呼伦贝尔市鸿发生物科技有限公司 | 自治区级 | 呼伦贝尔市 | 饲料 |
| 21 | 赤峰市蒙升实业（集团）有限公司 | 自治区级 | 赤峰市 | 饲料 |
| 22 | 内蒙古超越饲料有限公司 | 自治区级 | 赤峰市 | 饲料 |
| 23 | 赤峰四海同心生物科技有限公司 | 自治区级 | 赤峰市 | 饲料 |
| 24 | 赤峰市大中高科技饲料有限公司 | 自治区级 | 赤峰市 | 饲料 |
| 25 | 内蒙古丰汇达粮食集体有限公司 | 自治区级 | 呼伦贝尔市 | 饲料 |
| 26 | 内蒙古禾兴农牧业有限责任公司 | 自治区级 | 巴彦淖尔市 | 玉米 |

（续）

| 序号 | 企业名称 | 级别 | 盟市 | 主要产品 |
|---|---|---|---|---|
| 27 | 乌审旗宏丰粮油购销有限公司 | 自治区级 | 鄂尔多斯市 | 玉米 |
| 28 | 赤峰市巴林红食品有限责任公司 | 自治区级 | 赤峰市 | 玉米 |
| 29 | 土默特左旗内蒙古浩峰农业有限责任公司 | 自治区级 | 呼和浩特市 | 玉米 |
| 30 | 内蒙古祥利丰农牧业发展集团有限公司 | 自治区级 | 包头市 | 玉米面 |
| 31 | 内蒙古新源金谷有机农牧产品开发有限公司 | 自治区级 | 通辽市 | 玉米糁 |
| 32 | 乌审旗建中地方产品有限责任公司 | 自治区级 | 鄂尔多斯市 | 玉米芯 |

## 精深加工

| 序号 | 企业名称 | 级别 | 盟市 | 主要产品 |
|---|---|---|---|---|
| 1 | 呼伦贝尔东北阜丰生物科技有限公司 | 国家级 | 呼伦贝尔市 | 味精 |
| 2 | 通辽梅花生物科技有限公司 | 国家级 | 通辽市 | 味精 |
| 3 | 内蒙古玉王生物科技有限公司 | 自治区级 | 通辽市 | 玉米淀粉 |
| 4 | 托县融成玉米开发有限公司 | 自治区级 | 呼和浩特市 | 玉米淀粉 |
| 5 | 赤峰瑞阳化工有限公司 | 自治区级 | 赤峰市 | 酒类 |
| 6 | 内蒙古太仆寺旗草原酿酒有限责任公司 | 自治区级 | 锡林郭勒盟 | 酒类 |
| 7 | 内蒙古利牛生物化工有限责任公司 | 自治区级 | 通辽市 | 酒类 |
| 8 | 集宁区纳尔松酿业有限公司 | 自治区级 | 乌兰察布市 | 酒类 |
| 9 | 内蒙古蒙古王实业股份有限公司 | 自治区级 | 通辽市 | 酒类 |
| 10 | 内蒙古百年酒业有限责任公司 | 自治区级 | 通辽市 | 酒类 |
| 11 | 内蒙古科尔沁王酒业有限公司 | 自治区级 | 兴安盟 | 酒类 |
| 12 | 金河生物科技股份有限公司 | 国家级 | 呼和浩特市 | 金霉素预混剂 |
| 13 | 土默特左旗内蒙古阜丰生物科技有限公司 | 自治区级 | 呼和浩特市 | 谷氨酸钠 |
| 14 | 内蒙古伊品生物科技有限公司 | 自治区级 | 赤峰市 | 赖氨酸、苏氨酸 |
| 15 | 鄂尔多斯市中轩生化有限公司 | 自治区级 | 鄂尔多斯市 | 黄原胶 |
| 16 | 内蒙古新威远生物化工有限公司 | 自治区级 | 鄂尔多斯市 | 阿维菌素 |
| 17 | 内蒙古华曙生物科技有限公司 | 自治区级 | 通辽市 | 土霉素系列产品 |
| 18 | 内蒙古蒙泰大地生物技术发展有限责任公司 | 自治区级 | 呼和浩特市 | N-MR 粉 |
| 19 | 托县内蒙古溢多利生物有限公司 | 自治区级 | 呼和浩特市 | 植酸酶 |

**附件 8**

## 2023 年玉米产业链配套企业表

| 序号 | 企业名称 | 级别 | 盟市 | 主要产品 |
|---|---|---|---|---|
| 1 | 内蒙古巴彦淖尔市科河种业有限公司 | 自治区级 | 巴彦淖尔市 | 种子 |
| 2 | 内蒙古西蒙种业有限公司 | 自治区级 | 巴彦淖尔市 | 种子 |
| 3 | 赤峰德丰种业有限公司 | 自治区级 | 赤峰市 | 种子 |
| 4 | 内蒙古蒙龙种业有限公司 | 自治区级 | 赤峰市 | 种子 |
| 5 | 翁牛特旗玉龙种子有限公司 | 自治区级 | 赤峰市 | 种子 |
| 6 | 内蒙古金田正茂农业发展有限公司 | 自治区级 | 巴彦淖尔市 | 种子 |
| 7 | 内蒙古种星种业有限公司 | 自治区级 | 呼和浩特市 | 种子 |
| 8 | 内蒙古蒙新农种业有限责任公司 | 自治区级 | 呼和浩特市 | 种子 |
| 9 | 包头市三主粮种业有限公司 | 自治区级 | 包头市 | 种子 |
| 10 | 内蒙古兴丰种业有限公司 | | 乌兰浩特市 | 种子 |
| 11 | 内蒙古利禾农业科技发展有限公司 | | 赤峰市 | 种子 |
| 12 | 赤峰华农种子有限责任公司 | | 赤峰市 | 种子 |
| 13 | 巴林左旗春雨农业生产资料有限公司 | | 赤峰市 | 种子 |
| 14 | 林西县丰泽种业有限责任公司 | | 赤峰市 | 种子 |
| 15 | 巴彦淖尔市天脊农业生产资料有限公司 | | 巴彦淖尔市 | 肥料 |
| 16 | 内蒙古昊联生物科技有限公司 | | 莫力达瓦达斡尔族自治旗 | 肥料 |
| 17 | 中化现代农业（内蒙古）有限公司 | | 巴彦淖尔市 | 肥料 |
| 18 | 元泰丰（包头）生物科技有限公司 | | 包头市 | 肥料 |
| 19 | 包头市包钢星原复合肥有限责任公司 | | 包头市 | 肥料 |
| 20 | 内蒙古蒙特利尔农业发展有限公司 | | 包头市 | 肥料 |
| 21 | 中国北方稀土（集团）高科技股份有限公司 | | 包头市 | 肥料 |
| 22 | 包头市宝康肥料有限公司 | | 包头市 | 肥料 |
| 23 | 内蒙古农牧业生产资料股份有限公司 | 自治区级 | 呼和浩特市 | 农资 |
| 24 | 内蒙古良储粮油购销有限责任公司 | 自治区级 | 呼和浩特市 | 仓储 |

（续）

| 序号 | 企业名称 | 级别 | 盟市 | 主要产品 |
|---|---|---|---|---|
| 25 | 呼和浩特汇利养殖有限责任公司 | 自治区级 | 呼和浩特市 | 仓储 |
| 26 | 中谷成吉思汗扎兰屯市粮食有限公司 | | 扎兰屯市 | 仓储 |
| 27 | 乌兰浩特市捷成粮食有限公司 | | 兴安盟 | 仓储 |
| 28 | 乌兰浩特铁西粮食储备有限公司 | | 兴安盟 | 仓储 |
| 29 | 扎赉特旗巴彦高勒粮库有限公司 | | 兴安盟 | 仓储 |
| 30 | 扎赉特旗巨宝粮库有限公司 | | 兴安盟 | 仓储 |
| 31 | 通辽鑫聚元粮油有限公司 | | 通辽市 | 仓储 |
| 32 | 阿荣旗那吉粮食收储有限公司 | | 阿荣旗 | 仓储 |
| 33 | 呼伦贝尔市惠龙现代农牧业开发有限公司 | 自治区级 | 扎兰屯市 | 收购 |
| 34 | 扎鲁特旗正达粮油贸易有限公司 | 自治区级 | 通辽市 | 流通 |
| 35 | 呼伦贝尔泰极粮食购销有限责任公司 | | 扎兰屯市 | 流通 |

附件 9

## 2023 年玉米产业链关联客户库

### 种子企业

| 序号 | 企业名称 | 所在盟市 | 生产产品 | 上游配套企业及产品（区内外） | | | 下游配套企业及产品（区内外） | | |
|---|---|---|---|---|---|---|---|---|---|
| | | | | 企业名称 | 配套产品 | 所在地区 | 企业名称 | 配套产品 | 所在地区 |
| 1 | 内蒙古利禾农业科技发展有限公司 | 赤峰市 | 玉米种子、杂粮种子 | 大北农生物技术有限公司 | 转基因性状 | 北京 | 张掖市中天农业科技有限公司 | 种子生产 | 甘肃张掖 |
| | | | | 隆平生物技术有限公司 | 转基因性状 | 海南 | 张掖谷大种子有限公司 | 种子生产 | 甘肃张掖 |
| | | | | 中国种子集团有限公司 | 转基因性状 | 北京 | 新疆西农惠民农业科技有限公司 | 种子生产 | 新疆伊犁 |
| | | | | | | | 铁岭旭日农业技术有限公司 | 单倍体育苗 | 辽宁铁岭 |
| | | | | | | | 酒泉市汉鑫科技有限公司 | 加工设备 | 甘肃酒泉 |

（续）

| 序号 | 企业名称 | 所在盟市 | 生产产品 | 上游配套企业及产品（区内外） | | | 下游配套企业及产品（区内外） | | |
|---|---|---|---|---|---|---|---|---|---|
| | | | | 企业名称 | 配套产品 | 所在地区 | 企业名称 | 配套产品 | 所在地区 |
| 2 | 内蒙古西蒙种业有限公司 | 巴彦淖尔市 | 西蒙6号、西蒙3358、西蒙185等品种 | 甘肃酒泉市安达种业有限公司 | 玉米制种 | 甘肃酒泉市 | 钧睿农业科技有限公司 | 玉米、小麦 | 呼和浩特市 |
| | | | | 临河区双河镇富河村 | 玉米制种 | 巴彦淖尔市 | 宁夏钧凯种业有限公司 | 玉米、小麦 | 宁夏吴忠市 |
| | | | | 杭锦后旗双庙镇 | 玉米制种 | 巴彦淖尔市 | 丰田农业科技公司 | 玉米、向日葵 | 内蒙古五原 |
| | | | | 宁夏吴忠市 | 玉米制种 | 宁夏吴忠市 | 陕西隆丰农业科技有限公司 | 玉米 | 陕西 |
| 3 | 内蒙古巴彦淖尔市科河种业有限公司 | 巴彦淖尔市 | 玉米种子 | 高台县先行种业有限公司 | 玉米种子生产 | 甘肃省张掖市高台县 | 内蒙古科河饲料科技有限公司 | 玉米商品订单收购 | 临河区 |
| | | | | 张掖市德源农业科技开发有限公司 | 玉米种子生产 | 甘肃省张掖市甘州区 | | | |
| | | | | 广西天等县金芝蔓农业有限公司 | 青贮玉米种子生产 | 广西天等县 | | | |

（续）

| 序号 | 企业名称 | 所在盟市 | 生产产品 | 上游配套企业及产品（区内外） | | | 下游配套企业及产品（区内外） | | |
|---|---|---|---|---|---|---|---|---|---|
| | | | | 企业名称 | 配套产品 | 所在地区 | 企业名称 | 配套产品 | 所在地区 |
| 4 | 内蒙古兴丰种业有限公司 | 乌兰浩特市 | 玉米 | 安徽省桐城市恒汇塑业有限公司 | 包装袋 | 安徽 | 中农发五大连池农业科技有限责任公司 | 玉米 | 五大连池 |
| | | | | 安徽日晟塑业有限公司 | 包装袋 | 安徽 | 内蒙古青贮种业有限公司 | 玉米 | 内蒙古 |
| | | | | 河北兆璟农业科技有限公司 | 种衣剂 | 河北 | 甘南县金地源种业有限公司 | 玉米 | 甘南县 |
| | | | | 黑龙江实力科技开发有限公司 | 生产线 | 黑龙江 | 扶余市新春种业有限公司 | 玉米 | 扶余市 |
| | | | | 北京富亿得农业科技有限责任公司 | 种衣剂 | 北京 | 内蒙古盈丰种业有限责任公司 | 玉米 | 赤峰市 |

初加工

| 序号 | 企业名称 | 所在盟市 | 生产产品 | 上游配套企业及产品（区内外） | | | 下游配套企业及产品（区内外） | | |
|---|---|---|---|---|---|---|---|---|---|
| | | | | 企业名称 | 配套产品 | 所在地区 | 企业名称 | 配套产品 | 所在地区 |
| 1 | 内蒙古正大有限公司 | 呼和浩特市 | 饲料 | 托克托县鸿发农副产品农民专业合作社、土默特左旗鑫良粮食种植农民专业合作社、呼和浩特市强旺种养殖农民专业合作社等 | 玉米 | 托克托县、土默特左旗、赛罕区 | 内蒙古红星伟业养殖有限公司、内蒙古乐草农牧业开发有限公司、内蒙古邦盛农牧业养殖科技有限公司 | 饲料 | 乌兰察布市、鄂尔多斯市、巴彦淖尔市 |
| 2 | 内蒙古草原万旗畜牧饲料有限公司 | 赤峰市 | 饲料 | 沈阳禾丰反刍动物饲料有限公司 | 预混料 | 沈阳市沈北新区 | — | | |
| 3 | 正大饲料（和林）有限公司 | 呼和浩特市 | 饲料 | 托克托县鸿发农副产品农民专业合作社、土默特左旗鑫良粮食种植农民专业合作社、呼和浩特市强旺种养殖农民专业合作社等 | 玉米 | 托克托县、土默特左旗、赛罕区 | 内蒙古正大食品有限公司 | 饲料 | 和林格尔县 |

（续）

| 序号 | 企业名称 | 所在盟市 | 生产产品 | 上游配套企业及产品（区内外） | | | 下游配套企业及产品（区内外） | | |
|---|---|---|---|---|---|---|---|---|---|
| | | | | 企业名称 | 配套产品 | 所在地区 | 企业名称 | 配套产品 | 所在地区 |
| 4 | 内蒙古四季春饲料有限公司 | 呼和浩特市 | 饲料 | 北京易富农商贸发展有限公司 | 玉米 | 北京 | 内蒙古晟有牛业有限公司 | 牛羊饲料 | 塔布赛乡苏卜盖村 |
| | | | | 天津右信供应链管理有限公司 | 豆粕 | 河北 | 内蒙古广拓农牧业股份有限公司 | 牛羊饲料 | 鄂尔多斯市鄂托克旗蒙西镇 |
| | | | | 新疆阿克苏天康植物蛋白有限公司 | 棉粕 | 新疆 | 凉城县谷香园养殖专业合作社 | 牛羊饲料 | 乌兰察布市凉城县 |
| | | | | 秦皇岛金海粮油业有限公司 | 大豆皮 | 秦皇岛市 | 巴彦淖尔市圣牧盘古牧业有限责任公司 | 牛羊饲料 | 沙金套海苏木巴音宝力格嘎查 |
| | | | | 赤峰阴阳瑞化工有限公司 | DDGS | 赤峰市 | 阿拉善盟圣牧兆丰牧业有限公司 | 牛羊饲料 | 敖伦布拉格镇和平嘎查 |
| | | | | 内蒙古金鼎云帆贸易有限公司 | 糖蜜 | 呼和浩特市 | 杭锦后旗强民奶牛农民专业合作社 | 牛羊饲料 | 杭锦后旗头道桥镇 |
| | | | | 河南正康粮油有限公司 | 芝麻粕 | 河南 | 土默特左旗牛满园奶牛养殖农民专业合作社 | 牛羊饲料 | 呼和浩特市土默特左旗 |

| 序号 | 企业名称 | 所在盟市 | 生产产品 | 上游配套企业及产品（区内外） | | | 下游配套企业及产品（区内外） | | |
|---|---|---|---|---|---|---|---|---|---|
| | | | | 企业名称 | 配套产品 | 所在地区 | 企业名称 | 配套产品 | 所在地区 |
| 4 | 内蒙古四季春饲料有限公司 | 呼和浩特市 | 饲料 | 乌拉特后旗巴音宝力格镇鑫丰石粉厂 | 石粉 | 巴彦淖尔市 | 山西草原河滩畜牧开发有限公司 | 牛羊饲料 | 文笔镇焦尾城村 |
| | | | | | | | 内蒙古圣牧控股有限公司 | 牛羊饲料 | 巴镇北巴哈公路 |
| 5 | 内蒙古三阳牧业有限公司 | 兴安盟突泉县 | 种植产品：玉米；养殖产品：羊 | 内蒙古亿民生物科技有限公司 | 有机肥料 | 兴安盟突泉县 | 科尔沁右翼中旗星业肉类加工有限责任公司 | 羊肉产品 | 兴安盟科尔沁右翼中旗 |
| | | | | 中粮饲料（茂名）有限公司呼和浩特分公司 | 羊饲料 | 呼和浩特市 | | | |
| 6 | 内蒙古中润生物科技有限公司 | 赤峰市 | 混合饲料玉米糖渣 | 内蒙古伊品生物科技有限公司 | 玉米糖渣氨基酸母液 | 元宝山区 | 新希望六和股份公司 | 饲料原料 玉米糖渣 | 山东 |
| 7 | 内蒙古华富饲料有限责任公司 | 呼和浩特市 | 饲料 | 金河生物科技股份有限公司 | 玉米蛋白粉 | 托克托县 | 内蒙古优然牧业有限责任公司 | 压片玉米 玉米粉 | 呼和浩特市 |
| | | | | 赛罕区内蒙古正大有限公司 | 豆粕 | 呼和浩特市 | 内蒙古赛科星繁育生物技术（集团）股份有限公司 | 压片玉米 玉米粉 | 和林格尔县 |

（续）

| 序号 | 企业名称 | 所在盟市 | 生产产品 | 上游配套企业及产品（区内外） | | | 下游配套企业及产品（区内外） | | |
| --- | --- | --- | --- | --- | --- | --- | --- | --- | --- |
| | | | | 企业名称 | 配套产品 | 所在地区 | 企业名称 | 配套产品 | 所在地区 |
| 7 | 内蒙古华富饲料有限责任公司 | 呼和浩特市 | 饲料 | 土默特左旗内蒙古阜丰生物科技有限公司 | 玉米副产品 | 呼和浩特市 | 内蒙古恩和牧业有限公司 | 奶牛饲料 | 内蒙古鄂尔多斯市 |
| 8 | 内蒙古斯隆生物技术有限责任公司 | 内蒙古呼和浩特市 | 饲料 | 天津海河商贸有限公司 | 膨化大豆 | 天津 | 内蒙古蔡尔湖农牧业有限公司 | 育肥牛、犊牛料、育成料 | 集宁区 |
| | | | | 内蒙古德盛美牧业有限公司 | 饲料级磷酸氢钙 | 赤峰市 | 内蒙古骏羊牧业有限公司 | 奶山羊泌乳料、羔羊乐 | 和林格尔县 |
| | | | | 石家庄牧创商贸有限公司 | 石家庄益海麸皮 | 石家庄市 | 准格尔旗矿区生态建设发展有限责任公司 | 育肥牛、犊牛料、育成料 | 准格尔旗 |
| | | | | 秦皇岛迪野商贸有限公司 | 豆粕 | 秦皇岛市 | 内蒙古金标农牧业有限公司 | 犊牛料、育肥料 | 和林格尔县 |
| | | | | 鞍山兴达伟业矿物质科技有限公司 | 氧化镁 | 鞍山市 | 源皓牧业有限公司 | 育肥牛、犊牛料、育成料 | 达拉特旗 |

（续）

| 序号 | 企业名称 | 所在盟市 | 生产产品 | 上游配套企业及产品（区内外） | | | 下游配套企业及产品（区内外） | | |
|---|---|---|---|---|---|---|---|---|---|
| | | | | 企业名称 | 配套产品 | 所在地区 | 企业名称 | 配套产品 | 所在地区 |
| 9 | 通辽市科翔饲料有限公司 | 通辽 | 饲料 | 通辽鑫聚元粮油有限公司、扎鲁特旗恒信粮油有限责任公司 | 玉米 | 通辽市 | — | | |
| 10 | 巴彦淖尔市飞虹饲料科技有限公司 | 巴彦淖尔市 | 饲料 | | — | | 内蒙古金草原生态科技集团有限公司 | 肉羊 | 巴彦淖尔市五原县 |
| 11 | 赤峰中正饲料有限公司 | 赤峰市 | 牛料 | 赤峰永良商贸有限公司 | 玉米 | 赤峰市 | — | | |
| 12 | 呼伦贝尔市鸿发生物科技有限公司 | 海拉尔 | 饲料 | 农户 | 玉米 | 扎兰屯市、阿荣旗、莫力达瓦达斡尔族自治旗等 | 养殖户 | 饲料 | 陈巴尔虎旗、海拉尔区 |
| 13 | 赤峰市蒙升实业（集团）有限公司 | 赤峰市 | 饲料 | | — | | 赤峰鑫亚商贸科技有限公司、巴林右旗金驰财富投资咨询有限公司、阿鲁科尔沁旗金驰财富投资咨询有限公司 | 粮食收购及财务咨询 | 巴林右旗大板镇工业园区、阿鲁科尔沁旗天山镇 |

（续）

| 序号 | 企业名称 | 所在盟市 | 生产产品 | 上游配套企业及产品（区内外） | | | 下游配套企业及产品（区内外） | | |
|---|---|---|---|---|---|---|---|---|---|
| | | | | 企业名称 | 配套产品 | 所在地区 | 企业名称 | 配套产品 | 所在地区 |
| 14 | 内蒙古超越饲料有限公司 | 赤峰市 | 饲料 | 内蒙古伊品生物科技有限公司 | 赖氨酸、苏氨酸 | 赤峰市 | 巴林左旗中金驴业有限公司 | 驴饲料 | 赤峰市 |
| 15 | 赤峰四海同心生物科技有限公司 | 赤峰市 | 牛饲料 | 赤峰瑞阳化工有限公司 | DDGS | 元宝山经济开发区 | 赤峰星佳运输有限公司 | 物流配送 | 赤峰市 |
| 16 | 赤峰市大中高科技饲料有限公司 | 赤峰市 | 饲料 | | — | | 西乌珠穆沁旗贺希格呼瑞畜牧有限公司 | 饲料 | 锡林郭勒盟 |
| 17 | 内蒙古丰汇达粮食集团有限公司 | 莫力达瓦达斡尔族自治旗 | 饲料 | 农户 | 玉米 | 莫力达瓦达斡尔族自治旗 | 养殖户、外地饲料厂、牧场 | 饲料 | 黑龙江 |
| 18 | 乌审旗宏丰粮油购销有限公司 | 鄂尔多斯市 | 玉米碴 | 粮食经纪人、当地农户 | 玉米 | 鄂尔多斯市 | 京东超市 | 玉米碴 | 四川 |
| | | | 杂粮 | | 小杂粮、大豆 | 鄂尔多斯市 | 中粮购物 | 杂粮米 | 四川 |

（续）

| 序号 | 企业名称 | 所在盟市 | 生产产品 | 上游配套企业及产品（区内外） | | | 下游配套企业及产品（区内外） | | |
|---|---|---|---|---|---|---|---|---|---|
| | | | | 企业名称 | 配套产品 | 所在地区 | 企业名称 | 配套产品 | 所在地区 |
| 19 | 内蒙古祥利丰农牧业发展集团有限公司 | 包头市 | 玉米粉 | — | | | 西安权氏面粉有限公司 | 玉米粉 | 西安市 |
| | | | | | | | 鼎信农产品贸易有限公司 | 玉米粉 | 眉山市 |
| 20 | 内蒙古金田正茂农业发展有限公司 | 巴彦淖尔市 | 玉米 | | | | 内蒙古星连星牧业有限公司 | 鲜奶 | 巴彦淖尔市磴口县 |

精深加工

| 序号 | 企业名称 | 所在盟市 | 生产产品 | 上游配套企业及产品（区内外） | | | 下游配套企业及产品（区内外） | | |
|---|---|---|---|---|---|---|---|---|---|
| | | | | 企业名称 | 配套产品 | 所在地区 | 企业名称 | 配套产品 | 所在地区 |
| 1 | 呼伦贝尔东北阜丰生物科技有限公司 | 扎兰屯市 | 氨基酸、苏氨酸 | 扎兰屯市周边玉米种植户和种植合作社 | 玉米 | 扎兰屯市、阿荣旗、莫力达瓦达斡尔族自治旗、黑龙江等地 | 国内外饲料企业 | 氨基酸、苏氨酸 | 国内外 |
| 2 | 通辽梅花生物科技有限公司 | 通辽市 | 味精 | 内蒙古渐源金合有机农牧产品开发有限公司 | 氨基酸 | 通辽市 | — | | |
| 3 | 内蒙古玉王生物科技有限公司 | 通辽市 | 淀粉 | 通辽鑫聚元粮油有限公司 | 玉米 | 通辽市 | — | | |
| 4 | 融成玉米开发有限公司 | 呼和浩特市 | 淀粉及液糖 | 中储粮 | 玉米 | 内蒙古 | 内蒙古齐鲁制药有限公司 | 淀粉 | 内蒙古 |
| | | | | 粮食经济人 | 玉米 | 内蒙古、山西、河北、山东 | 大同同星有限责任公司 | 淀粉 | 山西 |
| | | | | 农户 | 玉米 | 内蒙古 | 内蒙古金达威药业有限公司 | 液糖 | 内蒙古 |
| | | | | 内蒙古祥瑞商贸有限公司 | 玉米 | 内蒙古 | 神舟生物科技有限责任公司 | 液糖 | 内蒙古 |

（续）

| 序号 | 企业名称 | 所在盟市 | 生产产品 | 上游配套企业及产品（区内外） | | | 下游配套企业及产品（区内外） | | |
|---|---|---|---|---|---|---|---|---|---|
| | | | | 企业名称 | 配套产品 | 所在地区 | 企业名称 | 配套产品 | 所在地区 |
| 5 | 赤峰瑞阳化工有限公司 | 赤峰市 | 食用酒精 | 赤峰元宝山区国储粮食储备有限责任公司 | 玉米 | 赤峰市 | 北京大北农科技集团股份有限公司 | DDGS 饲料 | 北京 |
| 6 | 内蒙古利牛生物化工有限责任公司 | 通辽市 | 酒精 | 扎鲁特旗恒信粮油有限责任公司 | 玉米 | 通辽市 | — | | |
| 7 | 内蒙古沁王酒业有限责任公司 | 兴安盟 | 白酒 | 兴安盟裕隆粮食收储有限责任公司 | 白酒 | 兴安盟 | 驻乌兰浩特市经销处 | 白酒 | 兴安盟 |
| | | | | | | | 驻北京市经销处 | 白酒 | 北京 |
| | | | | | | | 驻呼和浩特市经销处 | 白酒 | 呼和浩特市 |
| 8 | 金河生物科技股份有限公司 | 呼和浩特市 | 金霉素预混剂 | 内蒙古金河淀粉有限责任公司 | 玉米淀粉 | 托克托县 | — | | |
| 9 | 内蒙古阜丰生物科技有限公司 | 呼和浩特市 | 味精、黄原胶 | 内蒙古鸿展物流有限公司、鄂尔多斯市民达煤炭有限责任公司、中央储备粮呼和浩特直属库有限公司、散户（农户自产） | 玉米、煤炭 | 内蒙古 | 上海大大乐食品有限公司/内蒙古红太阳食品股份有限公司/康师傅控股有限公司/哈里顿石油公司 | 调味品、饮品、石油开采 | 国内外 |

（续）

| 序号 | 企业名称 | 所在盟市 | 生产产品 | 上游配套企业及产品（区内外） | | | 下游配套企业及产品（区内外） | | |
|---|---|---|---|---|---|---|---|---|---|
| | | | | 企业名称 | 配套产品 | 所在地区 | 企业名称 | 配套产品 | 所在地区 |
| 10 | 内蒙古伊科生物科技有限公司 | 赤峰市 | 赖氨酸、苏氨酸 | 赤峰市盛谷源农副产品加工有限公司 | 代储玉米、出售玉米 | 赤峰市 | 禾丰集团 | 喷浆玉米皮、谷氨酸渣、瓶氨酸渣、蛋白粉、饲料 | 赤峰市周边公司 |
| | | | | 赤峰市粮丰粮油商贸有限责任公司 | 代储玉米 | 赤峰市 | 中粮集团 | | |
| | | | | | | | 大北农集团 | | |
| 11 | 鄂尔多斯市中轩生化有限公司 | 鄂尔多斯市 | 黄原胶 | 内蒙古金河淀粉有限责任公司 | 玉米淀粉 | 呼和浩特市 | 蒙牛 | 酸奶 | 呼和浩特市 |
| | | | | | | | 海天 | 酱油 | 广东 |
| 12 | 内蒙古新威远生物化工有限公司 | 鄂尔多斯市 | 阿维菌素 | 内蒙古玉王生物科技有限公司 | 玉米淀粉 | 通辽市 | 河北威远生物化工有限公司 | 甲氨基阿维菌素苯甲酸盐 | 河北省石家庄市 |
| | | | | 内蒙古金河淀粉有限责任公司 | 玉米淀粉 | 呼和浩特市 | 河北威远药业有限公司 | 伊维菌素 | 河北省石家庄市 |
| | | | | 内蒙古玉王生物科技有限公司 | 玉米淀粉 | 通辽市 | | | |
| 13 | 内蒙古蒙大地生物技术发展有限责任公司 | 呼和浩特市 | 饲料 | 北京卓宇供应公司 | 豆粕 | 天津、河北 | 内蒙古雪原生态牧场有限公司 | 浓缩料、精补料 | 乌兰察布市集宁区 |
| | | | | 北京众诚天力生物科技有限公司 | 棉粕 | 新疆 | 鄂尔多斯市兰天牧业有限公司 | 精补料 | 鄂尔多斯市达拉特旗 |

（续）

| 序号 | 企业名称 | 所在盟市 | 生产产品 | 上游配套企业及产品（区内外） | | | 下游配套企业及产品（区内外） | | |
|---|---|---|---|---|---|---|---|---|---|
| | | | | 企业名称 | 配套产品 | 所在地区 | 企业名称 | 配套产品 | 所在地区 |
| 13 | 内蒙古蒙泰大地生物技术发展有限责任公司 | 呼和浩特市 | 饲料 | 北京九州大地生物技术集团股份有限公司 | 预混料 | 天津 | 内蒙古蒙德隆奶牛养殖有限责任公司红达分公司 | 精补料、发酵料 | 呼和浩特市和林格尔县大红城乡那家十号村 |
| | | | | 昌吉市弘博源商贸有限公司 | 棉粕 | 新疆 | 内蒙古蒙德隆奶牛养殖有限责任公司七盛分公司 | 精补料、发酵料 | 呼和浩特市和林格尔县 |
| | | | | 立天编织袋厂 | 编织袋 | 浙江 | 内蒙古蒙德隆奶牛养殖有限责任公司泽牧分公司 | 精补料、发酵料 | 呼和浩特市玉泉区小黑河镇 |
| | | | | 内蒙古亿佰嘉印务有限公司 | 标签 | 呼和浩特市 | 内蒙古蒙德隆奶牛养殖有限责任公司 | 精补料、发酵料 | 呼和浩特市和林格尔县 |
| | | | | 内蒙古鑫农禾饲料有限公司 | 喷浆玉米皮、米糠、粕、麸皮 | 扎兰屯市、辽宁、河北 | 内蒙古云中元牛繁育科技有限公司 | 精补料、发酵料 | 土默特左旗铁铺乡巴独户村 |
| | | | | 内蒙古科宏饲料 | 缓释蛋白 | 呼和浩特市 | 牧科畜业有限公司种鸡场 | 预混料 | 呼和浩特市土默特左旗 |

（续）

| 序号 | 企业名称 | 所在盟市 | 生产产品 | 上游配套企业及产品（区内外） | | | 下游配套企业及产品（区内外） | | |
|---|---|---|---|---|---|---|---|---|---|
| | | | | 企业名称 | 配套产品 | 所在地区 | 企业名称 | 配套产品 | 所在地区 |
| 13 | 内蒙古蒙泰大地生物技术发展有限责任公司 | 呼和浩特市 | 饲料 | 内蒙古东博商贸技术有限公司 | 喷浆玉米皮 | 扎兰屯市、呼和浩特市 | 牛联农牧业科技有限公司 | 预混料 | 呼和浩特市 |
| | | | | 内蒙古特利科技有限公司 | 喷浆玉米皮 | 扎兰屯市、呼和浩特市 | | | |
| | | | | 内蒙古阳泰商贸公司 | 盐 | 陕西 | | | |
| | | | | 内蒙古京创源科技发展有限公司 | 麸皮 | 河北 | | | |
| 14 | 内蒙古蒙泰大地生物技术发展有限责任公司 | 呼和浩特市 | 饲料 | 内蒙古盛通圆农业科技有限公司 | 玉米蛋白粉、玉米胚芽粕 | 呼和浩特市 | — | | |
| | | | | 沈阳禹尚牧业有限公司 | DDGS | 吉林 | | | |
| | | | | 四川康贝尔生物科技有限公司 | 铜、铁、锰、锌 | 四川 | | | |
| | | | | 玉泉区日昕编织袋经销部 | 编织袋 | 呼和浩特市 | | | |
| | | | | 西安国际港务区众通贸易有限公司 | 菜粕 | 四川 | | | |
| | | | | 都然重钙厂 | 石粉 | 集宁区 | | | |
| | | | | 陕西普隆农牧科技有限公司 | 芝麻粕、磷酸氢钙 | 四川 | | | |
| | | | | 沈阳天贺达贸易有限公司 | 脂肪粉 | 辽宁 | | | |

（续）

| 序号 | 企业名称 | 所在盟市 | 生产产品 | 上游配套企业及产品（区内外） | | | 下游配套企业及产品（区内外） | | |
|---|---|---|---|---|---|---|---|---|---|
| | | | | 企业名称 | 配套产品 | 所在地区 | 企业名称 | 配套产品 | 所在地区 |
| 15 | 内蒙古溢多利生物有限公司 | 呼和浩特市 | 饲料添加剂、食品添加剂 | 内蒙古融成玉米开发有限公司 | 玉米淀粉 | 托克托县 | 内蒙古蒙大地生物技术发展有限责任公司 | 饲料 | 和林格尔盛乐经济开发区 |
| | | | | 山东潍坊盛泰药业有限公司 | 食用葡萄糖 | 山东省昌乐县城 | 内蒙古融成玉米开发有限公司 | 玉米淀粉 | 托电工业园区 |

# 马铃薯产业链部分

**附件 1**

## 内蒙古自治区人民政府办公厅关于
## 推进马铃薯产业链发展六条政策措施的通知

各盟行政公署、市人民政府，自治区各委、办、厅、局，各大企业、事业单位：

为推动自治区由马铃薯产业大区向产业强区迈进，聚焦"马铃薯百亿级产业扩规提质"目标，针对马铃薯单产偏低、科技支撑能力弱、企业融资难、现代化储藏设施数量不足和品牌不强等问题，按照马铃薯产业链发展需求，结合《内蒙古自治区人民政府办公厅关于促进马铃薯产业高质量发展的实施意见》（内政办发〔2020〕35 号）有关要求，经自治区人民政府同意，现就推进马铃薯产业链发展六条政策措施通知如下。

## 一、支持种薯繁育产业做强

支持育种创新，实施马铃薯种业科技创新重大示范工程，对马铃薯联合育种攻关给予支持，制定联合攻关方案，建立自治区马铃薯育种联合攻关团队，遴选首席科学家，建立健全高效育种体系，培育抗旱鲜食、加工专用优良品种。支持种薯繁育基地建设，统筹国家和自治区制种大县奖励资金，支持马铃薯良繁基地建设，鼓励旱耕地种植优质种薯，提升基地服务能力和水平，同时支持开展种薯质量认证，提升种薯质量。支持推广自主种薯品种，对自治区自主知识产权品种在区内年推广面积 10 万亩以上的，一次性奖励 500 万元；年推广面积在 30 万亩以上的，一次性奖励 1 000 万元。

## 二、支持实施单产提升工程

实施马铃薯生产者补贴，自治区在国家政策要求范围内，从玉米、大豆生产者补贴中调剂部分资金，对马铃薯种植者给予补贴。自治区将马铃薯产量作为生产者补贴资金分配的参考因素，引导各地区将补贴资金更多用于支持提升单产，并向优势主产区集中。支持轮作倒茬，实施 3 年及以上轮作，解决连作障碍，减少土传病害，提升马铃薯质量和单产。参照国家耕地轮作每亩 150 元的补贴标准，对乌兰察布市等马铃薯优势主产区轮作补贴面积稳定在 100 万亩以上。支持社会化服务，转变小农户分散经营，引导各类服务组织为小农户提供马铃薯代耕代种、代管代收、全程托管等社会化服务，集成推广新品种、新技术，促进规模集约化经营，落实单产提升技术措施，原则上财政补助占服务价格的比例不超过 30%，单季作物亩均补助总额不超过 100 元，年服务面积不低于 100 万亩次。支持马铃薯高产高效示范区建设，统筹国家和自治区相关资金，以马铃薯主产盟市的重点旗县（市、区）为主，建设优质高效种植示范区，提升水肥一体化应用水平，科学控肥控药控水，支持旱耕地种植优质马铃薯，带动增产增效。支持加工订单补贴，对自治区马铃薯加工企业与区内种植户建立稳定的利益联结机制,对标准化种植且形成有效订单的,给予收购主体 20 元/吨的补贴。

## 三、扶持产地建设现代化冷藏保鲜设施

引导农民合作社等新型经营主体,根据马铃薯种植实际需求,合理建设通风贮藏库、机械冷库、气调贮藏库、预冷及配套产地冷藏保鲜等处理设施设备,保障种薯和商品薯高质量储存。对产地种植者新建自用马铃薯现代化冷藏保鲜设施的,按照设施农业附属设施用地管理,按照要求进行备案管理;建设经营性马铃薯现代化保鲜仓储设施的,占用一般耕地的优先安排落实耕地"进出平衡"。统筹利用中央、自治区财政衔接推进乡村振兴补助资金支持建设马铃薯现代冷藏保鲜设施,采取先建后补方式,每年择优确定联农带农能力强的补贴对象,对产地种植者新建或改建(指无冷藏设备的普通储藏库改造)库容 2 000 吨以上的现代化冷藏保鲜设施,按照建设总造价的 30%、单体设施最多 100 万元进行补贴,鼓励盟市和旗县(市、区)财政在自治区补贴的基础上再给予适当补贴。

## 四、提升马铃薯品牌影响力

支持马铃薯产业品牌培育和市场营销,鼓励企业提升产品质量和标准化水平,以"蒙"字标为引领,统一标准、统一品牌、统一包装、统一宣传、统一营销,打造内蒙古马铃薯区域品牌。推进"蒙"字标认证,对获"蒙"字标认证的企业,给予检验检测、认证等费用 5 万元补贴。

## 五、加强马铃薯产业科技支撑

支持马铃薯加工产品研发,依托自治区科技专项资金和科技基金等,重点支持企业加大淀粉延伸领域等精深加工产品、马铃薯与牛羊肉和燕麦等食品搭配的预制菜、休闲食品等研发力度。支持收获机械和加工设备研发应用,充分发挥自治区科技专项资金和科技基金作用,优先支持马铃薯收获机械和加工设备研发,支持企业和科研院所开展马铃薯联合收获和捡拾装袋、精深加工设备等研发和应用。支持高层次人才引进,支持科研院所、涉农高校、企业等引进马铃薯全链条国内外高层次人才,在人才引进政策扶持、提升研发条件等方面给予倾斜。

## 六、强化全产业金融支持

支持出台专项金融产品,银行业金融机构要根据马铃薯及种薯生产销售周期特点,推广一次授信、随借随还、循环使用的信贷产品,加大对种薯企业、种植大户、精深加工企业的信贷支持力度。支持各地区申请使用专项债券推进产业链发展。提高融资担保机构增信支持力度,进一步发挥农牧业融资担保公司等政府性融资担保机构作用,支持融资担保

机构为符合条件的马铃薯加工企业新建和扩大生产、引进的马铃薯先进机械研发和生产企业以及种植大户、家庭农场、合作社等农牧业新型经营主体提供贷款担保，降低担保费率。同时，鼓励各地区通过招商引资，引进马铃薯加工等企业，并为其提供贷款担保。推动期货上市交易，改善马铃薯现货基础条件，培育质检机构，提高现货数据质量，积极推动马铃薯期货上市交易。

上述政策执行时间暂定为 2023 年至 2025 年，根据实施情况进行调整，涉及新增或调整自治区财政支持的，各责任部门单位要相应调整资金管理和绩效考核办法，确保各项政策落地实施。各牵头部门要及时总结支持政策实施情况和效果，根据情况建立政策动态调整优化机制，适时调整支持措施。

内蒙古自治区人民政府办公厅

2023 年 9 月 6 日

**附件 2**

**关于印发《内蒙古自治区 2023 年推进马铃薯**
**全产业链发展实施方案（试行）》的通知**

各盟市农牧局，厅相关处室局：

为深入贯彻落实习近平总书记重要指示批示精神，对照自治区党委和政府关于建设国家重要农畜产品生产基地的要求，聚焦马铃薯百亿级产业扩规提质目标，突出产业链发展系统性思维。结合实际，我厅制定了《内蒙古自治区 2023 年推进马铃薯全产业链发展实施方案（试行）》，现印发给你们，请遵照执行。

内蒙古自治区农牧厅

2023 年 6 月 21 日

**内蒙古自治区 2023 年推进马铃薯全产业链**
**发展实施方案（试行）**

马铃薯是我区传统优势特色作物，产业基础良好，综合生产能力居全国前列。为全力推动自治区马铃薯由产业大区向产业强区迈进，2022 年起自治区启动建设马铃薯全产业链，聚焦"马铃薯百亿级产业扩规提质"目标，针对马铃薯单产偏低、种植面积下滑、科技支撑能力弱、现代化储藏设施数量不足等问题，结合我区实际，特制定本实施方案。

# 一、总体思路

深入贯彻落实习近平总书记重要指示批示精神，对照自治区党委和政府关于建设国家重要农畜产品生产基地的要求，以及自治区政府工作报告提出的"打造乌兰察布马铃薯产业发展示范区，支持更多薯企在千里草原百花齐放"要求。突出产业链发展系统性思维，围绕"一个提升"、建设"二个基地"发展思路，即通过提升单产，逐步恢复种植面积，持续做强做优脱毒种薯生产基地，加快建成竞争力强的马铃薯食品加工基地，将"扶贫土豆"变成"致富土豆"。

## 二、主要目标

聚焦"马铃薯百亿级产业扩规提质"的目标，通过政策支持和强化项目引导，力争2023年全区种薯繁育面积稳定在70万亩，播种面积稳定在340万亩左右，加工转化率达到50%，培育提升具有较高知名度的区域公用品牌1~2个，全产业链产值达到170亿元左右，力争到2025年全产业链产值达到200亿元左右。

## 三、重点措施

（一）提单产稳面积。支持实施单产提升工程。一是实施生产者补贴，自治区从国家玉米大豆生产者补贴中调剂约5%，用于对量水而行、符合区域布局和轮作要求的种植者给予种植补贴。二是支持轮作倒茬，实施3年及以上轮作制度，解决连作障碍，减少土传病害，提升质量和单产。在乌兰察布市等优势主产区实施耕地轮作项目，对符合条件的给予补贴。三是支持社会化服务，通过推进以代耕代种、代管代收、全程托管为主的社会化服务，集成推广新品种、新技术、新设备，促进规模集约化经营，大幅提升技术到位率。转变小农户分散经营，重点支持合作社等新型经营主体，逐年加大服务面积。四是支持高产高效示范区，在乌兰察布市、呼伦贝尔市、赤峰市、呼和浩特市、锡林郭勒盟实施6个优质高效增粮千亩示范区建设；支持乌兰察布市、锡林郭勒盟建设3个国家绿色高产高效示范县，重点推广优质高产抗病专用品种及马铃薯高垄滴灌水肥一体化技术，提升水肥一体化应用水平，科学控肥控药控水，支持旱耕地种植优质马铃薯，带动增产增效。五是支持加工订单补贴，对我区马铃薯加工企业与区内种植户建立稳定的利益联结机制，对标准化种植且形成有效订单的，给予收购主体补贴。

（二）建设现代化储藏设施。鼓励家庭农牧场、农民合作社、农村牧区集体经济组织等新型经营主体或规模化种植生产者建设高质量马铃薯仓储设施。鼓励主产区建设现代化气调库，逐步提升我区马铃薯现代化储藏能力，降低储藏损失，保障商品薯、种薯、加工薯高质量储存。通过补齐现代化仓储设施短板，带动上中下游经营主体融入马铃薯全产业链，形成串珠成链、上下衔接、协同推进的发展格局。

（三）打造优质种薯繁育基地。推进察哈尔右翼前旗、四子王旗、牙克石市、正蓝旗等4个国家马铃薯区域性良种繁育基地建设，健全完善马铃薯种薯良种繁育体系。支持乌兰察布市等主产区打造"看禾选种"平台。开展种薯质量认证试点工作，强化种薯质量监管检测，保证规模化种植种薯质量检测全覆盖，提高种薯质量，提升种薯品牌价值和市场竞争力。2023年种薯繁育重点制种旗县制种面积达到30万亩以上。通过"壮链"，促进产业主体联合、要素聚合、利益黏合。

（四）支持自主新品种研发。强化科技支撑，坚持政产学研用结合，鼓励企业投入研发资金，打造创新联合体，促进科技成果转化。组建新品种研发攻关团队，开展马铃薯育种联合攻关，实施种业科技创新重大示范工程。继续实施马铃薯新品种科技创新后补助政策。

（五）打造马铃薯食品加工基地。鼓励各地重点发展鲜食薯切丝、切片、切块等净菜加工包装上市，延长储存期限。引导各地发展马铃薯预制菜，以即食、即烹、即配作为预制菜发展重点，支持主产地区发展油炸薯条、土豆泥粉、速冻薯条等预制菜精深加工，探索开发与本土牛肉、羊肉、莜面等食品搭配的预制菜，打造消费者认可、市场占有率高的预制菜产品。要以扩宽预制菜销售市场为重点，拓展以大型商超、中央厨房、高端客户定制需求为重点的新市场。同时鼓励开发搭配燕麦、酸奶等特色农产品的功能性食品，引领马铃薯产品健康化、休闲化，培育多元化马铃薯食品产业。支持察哈尔右翼后旗当郎忽洞苏木和武川县上秃亥乡2个国家农业产业强镇建设，加快推进察哈尔右翼前旗马铃薯国家现代农业产业园建设。通过"育链"，提升马铃薯产业价值、产品价值，逐步建成马铃薯食品加工生产基地。

（六）巩固精深高端加工。提升主产区马铃薯加工转化水平，重点扶持精深加工。在优势主产区巩固提升精淀粉、全粉及薯条薯片等精深加工优势，逐步扩大现有大型加工企业生产规模，提升加工产能。鼓励国家和自治区级马铃薯产业化加工龙头企业新建、改扩建精深加工设备，用于生产变性淀粉等高端化、高附加值产品。实施内蒙古阴山马铃薯国家优势特色产业集群项目，支持呼和浩特市、包头市、乌兰察布市、锡林郭勒盟的9个重点旗县参与马铃薯全产业链建设。通过"延链"，吸引规模大、带动强、技术高的精深加工企业入驻，打造马铃薯加工强区，提升产业附加值。

（七）培育品牌促进产业发展。加强"蒙字标"认证，规范马铃薯区域公用品牌体系建设，树牢乌兰察布市"中国薯都"地位。鼓励更多企业走品牌化道路，提升产品价值，延长产业链。借助中央媒体、新媒体和各类展会，加强品牌推介，提升品牌知名度和影响力，扩大销售范围，提高市场占有率。

（八）强化科技和金融支撑。鼓励农科教企联合，在马铃薯单产提升、高效节水、病害防控、土壤改良、加工产品等全产业链条方面加大技术研发和推广力度。推动关键技术攻关，打造创新联合体，促进科技成果转化，以科技创新引领马铃薯产业提档升级、赶超进位。强化金融支持，鼓励各地探索符合马铃薯特点的金融产品，鼓励政府性融资担保机构为符合条件的马铃薯种植、种薯、加工龙头企业扩大再生产提供贷款担保，降低担保费率，拓宽融资渠道。

# 四、保障措施

（一）加强组织领导。按照自治区党委和政府工作部署，由包献华副主席担任马铃薯产业"链长"，协调组织推进重大事项和支持政策的出台。自治区农牧厅加强产业发展指导，推进产业发展。各盟市和旗县要高度重视马铃薯产业发展，加大政策和资金支持力度，按照本方案要求，及时将马铃薯全产业链推进情况报同级党委和政府。

（二）落实两图两库两表。围绕马铃薯产业链种薯、种植和加工三个链条，按照育链、补链、延链、强链的思路，梳理完善了两图两库两表。两图：编制了产业链全景图和招商远景图。两库：梳理出涵盖品种选育、良种繁育、绿色种植、加工生产等领域的 23 个重点项目，形成了项目库；同时梳理规模化企业的关联客户库。两表：共梳理出 21 家龙头企业，63 家配套企业。各盟市要高度重视，确保"两图两库两表"明确事项落实到位，完善并推进重点项目落地。

（三）建立联席机制。自治区将逐步建立"链长"组织，农牧、财政、发改、工信、科技、商务、金融管理、市场监督管理等部门共同参与的联席制度，研判产业发展，提出政策建议，解决实际问题。

（四）遴选"链主"企业。自治区将遴选 5 家以内"链主"企业，组建马铃薯全产业链发展促进会，促进主体联合、要素聚合、利益黏合，带动上中下游首尾相连、串珠成线、集群成链的发展格局。通过"黏链"，提升马铃薯品种价值、品质价值、品牌价值，增强马铃薯产业韧性。

（五）强化技术服务。统筹整合自治区农牧系统及内蒙古农业大学、农牧业科学院等技术力量，为全区各盟市马铃薯产业示范区建设做好产业指导和技术服务。

## 附件 3

### 2023 年马铃薯制种重点旗县面积任务

| 序号 | 盟市 | 旗县 | 面积（万亩） |
|---|---|---|---|
| 1 | 乌兰察布市 | 四子王旗 | 5 |
| 2 | 乌兰察布市 | 察哈尔右翼前旗 | 1 |
| 3 | 乌兰察布市 | 察哈尔右翼后旗 | 2 |
| 4 | 乌兰察布市 | 兴和县 | 3 |
| 5 | 乌兰察布市 | 商都县 | 2 |
| 6 | 乌兰察布市 | 察哈尔右翼中旗 | 3 |
| 7 | 乌兰察布市 | 卓资县 | 1 |
| 8 | 乌兰察布市 | 化德县 | 1 |
| 9 | 呼伦贝尔市 | 牙克石市 | 5 |
| 10 | 呼伦贝尔市 | 海拉尔区 | 1 |
| 11 | 锡林郭勒盟 | 太仆寺旗 | 4 |
| 12 | 锡林郭勒盟 | 正蓝旗 | 2 |
| 13 | 呼和浩特市 | 武川县 | 0.5 |
| 14 | 合计 | | 30.5 |

附件4

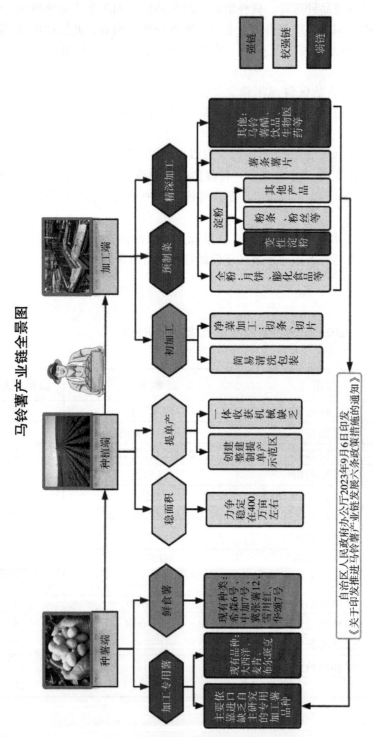

马铃薯产业链全景图

附件5

马铃薯产业链招商远景图

**附件 6**

## 2023 年马铃薯产业链龙头企业表

| 序号 | 企业名称 | 企业类别 | 主要产品 | 企业级别 | 所在盟市 | 旗县（市、区） |
|---|---|---|---|---|---|---|
| 1 | 内蒙古中加农业生物科技有限公司 | 农牧业科技（种业） | 种薯 | 国家级 | 乌兰察布市 | 四子王旗 |
| 2 | 内蒙古民丰种业有限公司 | 农牧业科技（种业） | 种薯 | 国家级 | 乌兰察布市 | 集宁区 |
| 3 | 锡林郭勒盟宏源现代畜牧业有限责任公司 | 种植、加工 | 种薯 | 国家级 | 锡林郭勒盟 | 锡林浩特市 |
| 4 | 内蒙古田丰农牧有限责任公司 | 加工 | 种薯 | 国家级 | 包头市 | 固阳县 |
| 5 | 内蒙古希森马铃薯种业有限公司 | 农牧业科技（种业） | 种薯、全粉 | 自治区级 | 乌兰察布市 | 商都县 |
| 6 | 内蒙古凌志马铃薯科技股份有限公司 | 加工 | 种薯 | 自治区级 | 赤峰市 | 红山区 |
| 7 | 内蒙古薯都凯达食品有限公司 | 加工 | 薯片 | 自治区级 | 乌兰察布市 | 察哈尔右翼前旗 |
| 8 | 商都县科都薯业有限责任公司 | 加工 | 精淀粉 | 自治区级 | 乌兰察布市 | 商都县 |
| 9 | 内蒙古华欧淀粉工业股份有限公司 | 加工 | 淀粉 | 自治区级 | 呼和浩特市 | 和林格尔县 |
| 10 | 呼伦贝尔市华晟绿色生态农业发展有限公司 | 农牧业科技（种业） | 种薯 | 自治区级 | 呼伦贝尔市 | 鄂温克自治旗 |
| 11 | 呼伦贝尔农垦薯业（集团）股份有限公司 | 农牧业科技（种业） | 种薯 | 自治区级 | 呼伦贝尔市 | 陈巴尔虎旗 |
| 12 | 内蒙古华颂农业科技有限公司 | 农牧业科技（种业） | 种薯 | 自治区级 | 赤峰市 | 巴林右旗 |
| 13 | 内蒙古坤元太和农业科技有限公司 | 农牧业科技（种业） | 种薯 | 自治区级 | 锡林郭勒盟 | 正蓝旗 |
| 14 | 内蒙古格瑞得马铃薯种业集团有限公司 | 农牧业科技（种业） | 种薯 | 自治区级 | 锡林郭勒盟 | 太仆寺旗 |
| 15 | 内蒙古蒙森农业科技股份有限公司 | 加工 | 淀粉 | 自治区级 | 赤峰市 | 松山区 |

（续）

| 序号 | 企业名称 | 企业类别 | 主要产品 | 企业级别 | 所在盟市 | 旗县（市、区） |
|---|---|---|---|---|---|---|
| 16 | 内蒙古胤康农业科技开发有限责任公司 | 农牧业科技（种业） | 种薯 | 自治区级 | 锡林郭勒盟 | 正蓝旗 |
| 17 | 内蒙古国喜现代农牧业发展有限公司 | 种植 | 生产 | 自治区级 | 乌兰察布市 | 集宁区 |
| 18 | 内蒙古鑫雨种业有限公司 | 农牧业科技（种业） | 种薯 | 自治区级 | 乌兰察布市 | 四子王旗 |
| 19 | 内蒙古兴佳薯业有限责任公司 | 农牧业科技（种业） | 种薯 | 自治区级 | 呼伦贝尔市 | 牙克石市 |
| 20 | 内蒙古薯元康生物科技有限公司 | 农牧业科技（加工） | 淀粉 | 自治区级 | 呼和浩特市 | 武川县 |
| 21 | 武川县川宝绿色农产品有限责任公司 | 种植 | 生产 | 自治区级 | 呼和浩特市 | 武川县 |

附件 7

## 2023 年马铃薯产业链配套企业表

肥料生产和销售企业

| 序号 | 企业名称 | 企业类别 | 企业级别 | 所在盟市 | 所在旗县(市、区) |
|---|---|---|---|---|---|
| 1 | 多伦县新沃源有机肥业有限公司 | 有机肥生产、销售 | 盟级龙头企业 | 锡林郭勒盟 | 多伦县 |
| 2 | 内蒙古润禾生物有机肥有限公司 | 有机肥生产、销售 | 区域规模化 | 锡林郭勒盟 | 苏尼特右旗 |
| 3 | 内蒙古沃浩源生物科技有限公司 | 有机肥生产、销售 | 区域规模化 | 锡林郭勒盟 | 多伦县 |
| 4 | 内蒙古盈然农业发展有限公司 | 有机肥生产、销售 | 区域规模化 | 锡林郭勒盟 | 锡林浩特市 |
| 5 | 正蓝旗绿康盛有机肥有限责任公司 | 有机肥生产、销售 | 区域规模化 | 锡林郭勒盟 | 正蓝旗 |
| 6 | 内蒙古诺敏塔拉资源科技开发有限责任公司 | 有机肥生产、销售 | 区域规模化 | 锡林郭勒盟 | 西乌珠穆沁旗 |
| 7 | 内蒙古沃土生物科技有限公司 | 有机肥生产、销售 | 区域规模化 | 锡林郭勒盟 | 二连浩特市 |
| 8 | 内蒙古大地云天化工有限公司 | 化肥生产、销售 | 自治区龙头 | 赤峰市 | 元宝山区 |
| 9 | 内蒙古辽中京农业科技有限责任公司 | 化肥生产、销售 | 市级龙头 | 赤峰市 | 宁城县 |
| 10 | 内蒙古伊品生物科技有限公司 | 化肥生产、销售 | 自治区龙头 | 赤峰市 | 元宝山区 |
| 11 | 安琪酵母(赤峰)有限公司 | 化肥生产、销售 | 市级龙头 | 赤峰市 | 翁牛特旗 |
| 12 | 内蒙古伊泰生物科技有限公司 | 有机肥生产、销售 | 区域规模化 | 鄂尔多斯市 | 杭锦旗 |
| 13 | 内蒙古伊东东研科技有限公司 | 水肥生产、销售 | 小规模 | 鄂尔多斯市 | 准格尔旗 |
| 14 | 内蒙古两宜生物科技有限公司 | 有机肥生产、销售 | 高新企业 | 鄂尔多斯市 | 达拉特旗 |
| 15 | 内蒙古耕宇化肥有限公司 | 化肥生产、销售 | 市级龙头 | 呼和浩特市 | 赛罕区 |
| 16 | 内蒙古欧茂农业开发有限公司 | 化肥生产、销售 | 市级龙头 | 呼和浩特市 | 土默特左旗 |
| 17 | 内蒙古中孚明丰农业科技有限公司 | 化肥生产、销售 | 市级龙头 | 呼和浩特市 | 土默特左旗 |

（续）

| 序号 | 企业名称 | 企业类别 | 企业级别 | 所在盟市 | 所在旗县（市、区） |
|---|---|---|---|---|---|
| 18 | 包头东宝生物技术股份有限公司 | 肥料生产、销售 | 自治区龙头 | 包头市 | 高新区 |
| 19 | 元泰丰（包头）生物科技有限公司 | 肥料生产、销售 | 市级龙头 | 包头市 | 土默特右旗 |
| 20 | 内蒙古蒙龙农资有限责任公司 | 肥料生产、销售 | 市级龙头 | 包头市 | 土默特右旗 |
| 21 | 包头市包钢星原复合肥有限责任公司 | 肥料生产、销售 | 区域规模化 | 包头市 | 昆都仑区 |
| 22 | 内蒙古蒙特利尔农业发展有限公司 | 肥料生产、销售 | 区域规模化 | 包头市 | 高新区 |
| 23 | 内蒙古天保丰肥业有限责任公司 | 肥料生产、销售 | 市级龙头企业 | 乌兰察布市 | 集宁区 |
| 24 | 内蒙古阿尔格生命科学有限公司 | 肥料生产、销售 | 高新企业 | 乌兰察布市 | 四子王旗 |
| 25 | 化德县恒力硅藻土生物有机肥有限责任公司 | 肥料生产、销售 | 区级龙头企业 | 乌兰察布市 | 化德县 |

农药生产和销售企业

| 序号 | 企业名称 | 企业类别 | 企业级别 | 所在盟市 | 所在旗县（市、区） |
|---|---|---|---|---|---|
| 1 | 多伦县多丰农资有限公司 | 农药销售 | 区域规模化 | 锡林郭勒盟 | 多伦县 |
| 2 | 多伦县圣杰农资商店 | 农药销售 | 区域规模化 | 锡林郭勒盟 | 多伦县 |
| 3 | 内蒙古益丰农业科技发展有限公司 | 农药销售 | 区域规模化 | 锡林郭勒盟 | 太仆寺旗 |
| 4 | 内蒙古嘉宝仕生物科技股份有限公司 | 农药生产、销售 | 高新技术企业 | 赤峰市 | 红山区 |
| 5 | 内蒙古中农生化科技股份有限公司 | 农药生产、销售 | 自治区龙头 | 赤峰市 | 红山区 |
| 6 | 内蒙古帅旗生物科技有限公司 | 农药生产、销售 | 区域规模化 | 赤峰市 | 红山区 |
| 7 | 内蒙古华星生物科技有限公司 | 种衣剂生产、销售 | 区域规模化 | 赤峰市 | 元宝山区 |
| 8 | 赤峰诺华生物科技有限公司 | 农药生产、销售 | 区域规模化 | 赤峰市 | 红山区 |

马铃薯种植农机研发、生产和销售企业

| 序号 | 企业名称 | 企业类别 | 企业级别 | 所在盟市 | 所在旗县（市、区） |
|---|---|---|---|---|---|
| 1 | 多伦县福来农业机械销售有限公司 | 农机销售 | 区域规模化 | 锡林郭勒盟 | 多伦县 |
| 2 | 正镶白旗鑫泰昌汽贸销售有限公司 | 农机销售 | 区域规模化 | 锡林郭勒盟 | 正镶白旗 |

（续）

| 序号 | 企业名称 | 企业类别 | 企业级别 | 所在盟市 | 所在旗县（市、区） |
|---|---|---|---|---|---|
| 3 | 多伦县沃源农业机械有限责任公司 | 农机销售 | 区域规模化 | 锡林郭勒盟 | 多伦县 |
| 4 | 太仆寺旗围北农机制造有限责任公司 | 农机销售 | 区域规模化 | 锡林郭勒盟 | 太仆寺旗 |
| 5 | 锡林郭勒盟鑫丰农机销售有限公司 | 农机销售 | 区域规模化 | 锡林郭勒盟 | 锡林浩特市 |
| 6 | 乌拉盖管理区长春农牧机械经销部 | 农机销售 | 区域规模化 | 锡林郭勒盟 | 乌拉盖管理区 |
| 7 | 赤峰鑫秋农牧机械有限公司 | 收获机械制造 | 区域规模化 | 赤峰市 | 红山区 |
| 8 | 赤峰市淇艺机械有限责任公司 | 收获机械制造 | 区域规模化 | 赤峰市 | 喀喇沁旗 |
| 9 | 得利新农机制造有限责任公司 | 农机研发、生产和销售 | 区域规模化 | 呼和浩特市 | 土默特左旗 |
| 10 | 博洋可再生农业有限公司 | 农机研发、生产和销售 | 区域规模化 | 呼和浩特市 | 土默特左旗 |
| 11 | 丰镇市高峰机械设备有限公司 | 农机研发、生产和销售 | 市级 | 乌兰察布市 | 丰镇市 |
| 12 | 乌兰察布市凯达汽车销售有限公司 | 农机销售 | 市级 | 乌兰察布市 | 集宁区 |
| 13 | 兴和县兴旺角农机经销有限公司 | 农机销售 | 县级 | 乌兰察布市 | 兴和县 |
| 14 | 察哈尔右翼中旗鑫阳农机有限公司 | 农机销售 | 县级 | 乌兰察布市 | 察哈尔右翼中旗 |
| 15 | 四子王旗浩田农机有限公司 | 农机销售 | 县级 | 乌兰察布市 | 四子王旗 |
| 16 | 商都县云光农工机械有限公司 | 农机销售 | 县级 | 乌兰察布市 | 商都县 |
| 17 | 凉城县兴丰农机经销部 | 农机销售 | 县级 | 乌兰察布市 | 凉城县 |

灌溉设备生产和销售企业

| 序号 | 企业名称 | 企业类别 | 企业级别 | 所在盟市 | 所在旗县（市、区） |
|---|---|---|---|---|---|
| 1 | 内蒙古嘉利节水灌溉有限责任公司 | 灌溉设备生产、销售 | 自治区高新技术 | 锡林郭勒盟 | 苏尼特右旗 |
| 2 | 内蒙古龙泽节水灌溉科技有限公司 | 灌溉设备生产、销售 | 高新企业 | 赤峰市 | 松山区 |
| 3 | 赤峰兴远节水材料有限公司 | 灌溉设备生产、销售 | 市级龙头 | 赤峰市 | 松山区 |
| 4 | 杭锦旗开颂节水灌溉服务有限公司 | 滴灌带生产商 | 小规模 | 鄂尔多斯市 | 杭锦旗锡尼镇新井渠村 |

（续）

| 序号 | 企业名称 | 企业类别 | 企业级别 | 所在盟市 | 所在旗县（市、区） |
|---|---|---|---|---|---|
| 5 | 鄂托克旗牧雨节水滴灌有限责任公司 | 滴灌带生产商 | 小规模 | 鄂尔多斯市 | 鄂托克旗 |
| 6 | 华维农装智谷（内蒙古）有限公司 | 滴灌带、地膜 | 市级龙头 | 包头市 | 固阳县 |
| 7 | 包头市兴农达科技有限公司 | 滴灌带 | 自治区龙头 | 包头市 | 固阳县 |
| 8 | 内蒙古惠农节水灌溉设备有限公司 | 灌溉设备生产、销售 | 区级龙头企业 | 乌兰察布市 | 四子王旗 |
| 9 | 四子王旗农天滴灌设备有限责任公司 | 灌溉设备生产、销售 | 区域规模化 | 乌兰察布市 | 四子王旗 |
| 10 | 四子王旗锦绣山村滴灌设备有限公司 | 灌溉设备生产、销售 | 区域规模化 | 乌兰察布市 | 四子王旗 |
| 11 | 四子王旗及时雨塑料制品有限公司 | 灌溉设备生产、销售 | 区域规模化 | 乌兰察布市 | 四子王旗 |

社会化服务企业

| 序号 | 企业名称 | 企业类别 | 企业级别 | 所在盟市 | 所在旗县（市、区） |
|---|---|---|---|---|---|
| 1 | 中化现代农业（内蒙古）有限公司 | 农业服务组织 | 国家龙头企业 | 鄂尔多斯市 | 达拉特旗 |
| 2 | 杭锦旗恒源农牧业开发有限公司 | 生产 | 区域规模化 | 鄂尔多斯市 | 杭锦旗 |
| 3 | 乌兰察布市沃野农业机械有限公司 | 农机服务 | 区域规模化 | 乌兰察布市 | 察哈尔右翼前旗 |
| 4 | 乌兰察布察哈尔右翼前旗农业投资开发有限公司 | 农机服务 | 小规模 | 乌兰察布市 | 察哈尔右翼前旗 |
| 5 | 察哈尔右翼后旗北方马铃薯批发市场有限责任公司 | 农机服务 | 区域规模化 | 乌兰察布市 | 察哈尔右翼后旗 |
| 6 | 乌审旗志远农机专业合作社 | 农牧业机械化服务 | 国家级示范合作社 | 鄂尔多斯市 | 乌审旗 |

种薯检测机构

| 序号 | 企业名称 | 企业类别 | 企业级别 | 所在盟市 | 所在旗县（市、区） |
|---|---|---|---|---|---|
| 1 | 内蒙古薯佳检测技术服务有限公司 | 种薯质量检验检测 | 小规模 | 乌兰察布市 | 四子王旗 |

大型物流企业

| 序号 | 企业名称 | 企业类别 | 企业级别 | 所在盟市 | 所在旗县（市、区） |
|---|---|---|---|---|---|
| 1 | 包头市包领鲜农牧业有限公司 | 流通、仓储 | 市级龙头 | 包头市 | 昆都仑区 |

（续）

| 序号 | 企业名称 | 企业类别 | 企业级别 | 所在盟市 | 所在旗县（市、区） |
|---|---|---|---|---|---|
| 2 | 内蒙古朴农有机农牧业科技有限责任公司 | 流通 | 市级龙头 | 包头市 | 昆都仑区 |
| 3 | 牙克石市兴安运达物流有限公司 | 粮食流通 | 区级龙头企业 | 呼伦贝尔市 | 牙克石市 |
| 4 | 呼伦贝尔市兴粮物流股份有限公司 | 粮食流通 | 规模以上企业 | 呼伦贝尔市 | 海拉尔区 |

大型仓储企业

| 序号 | 企业名称 | 企业类别 | 企业级别 | 所在盟市 | 所在旗县（市、区） |
|---|---|---|---|---|---|
| 1 | 鄂托克前旗开宏农牧业有限责任公司 | 仓储 | 区域规模化 | 鄂尔多斯市 | 鄂托克前旗 |
| 2 | 内蒙古薯都凯达食品有限公司 | 仓储 | 区级龙头企业 | 乌兰察布市 | 察哈尔右翼前旗 |
| 3 | 内蒙古民丰种业有限公司 | 仓储 | 国家龙头企业 | 乌兰察布市 | 集宁区 |
| 4 | 内蒙古中加农业生物科技有限公司 | 仓储 | 国家龙头企业 | 乌兰察布市 | 四子王旗 |
| 5 | 土豆集（内蒙古）实业集团有限公司 | 仓储 | 市级龙头企业 | 乌兰察布市 | 集宁区 |

品牌推广企业

| 序号 | 企业名称 | 企业类别 | 企业级别 | 所在盟市 | 所在旗县（市、区） |
|---|---|---|---|---|---|
| 1 | 赤峰城建集团 | 国企 | 一 | 赤峰市 | 松山区 |

企业运营管理、网络销售等企业

| 序号 | 企业名称 | 企业类别 | 企业级别 | 所在盟市 | 所在旗县（市、区） |
|---|---|---|---|---|---|
| 1 | 内蒙古壹蒙壹牧电子商务有限公司 | 网络销售 | 小规模 | 乌兰察布市 | 察哈尔右翼后旗 |
| 2 | 察哈尔右翼后旗北方马铃薯批发市场有限责任公司 | 销售 | 区域规模化 | 乌兰察布市 | 察哈尔右翼后旗 |

注：共包含化肥、农药、农机、灌溉设备等农资供应生产端配套企业61家，规模化社会化服务化配套企业6家，种薯检测配套企业1家，物流仓储运营管理等12家，目前区内还没有生产马铃薯加工设备企业。

**附件 8**

## 2023 年马铃薯产业链关联客户库

| 序号 | 企业名称 | 所在盟市 | 生产产品 | 上游配套企业及产品（区内外） | | | 下游配套企业及产品（区内外） | | |
|---|---|---|---|---|---|---|---|---|---|
| | | | | 企业名称 | 配套产品 | 所在国家或地区 | 企业名称 | 配套产品 | 所在国家或地区 |
| 1 | 内蒙古希森马铃薯种业 | 乌兰察布 | 种薯、商品薯 | 山东希森集团 | 马铃薯 | 山东 | 美菜网 | 蔬菜配送 | 北京 |
| | | | | | | | 济南超意兴餐饮有限公司 | 快餐 | 济南 |
| | | | | | | | 山东三利快餐有限公司 | 快餐 | 滨州 |
| | | | | | | | 明康汇生鲜超市 | 商超 | 杭州 |
| | | | | | | | 一鲜优品（上海）农产品有限公司 | 加工 | 上海 |
| | | | | | | | 内蒙古华欧淀粉工业股份有限公司 | 淀粉 | 呼和浩特 |
| | | | | | | | 蓝天淀粉有限公司 | 淀粉 | 定西 |
| | | | | | | | 北大荒马铃薯集团有限公司 | 淀粉 | 哈尔滨 |
| | | | | | | | 甘肃省张掖市有年金龙马铃薯雪花全粉食品工业有限责任公司 | 全粉 | 张掖 |
| | | | | | | | 张家口弘基农业科技开发有限责任公司 | 全粉 | 张家口 |
| | | | | | | | 甘肃正阳现代农业服务有限公司 | 全粉 | 武威 |
| | | | | | | | 黑龙江省黑土优选生态农业开发有限公司 | 粉条 | 绥化 |

（续）

| 序号 | 企业名称 | 所在盟市 | 生产产品 | 上游配套企业及产品（区内外） | | | 下游配套企业及产品（区内外） | | |
|---|---|---|---|---|---|---|---|---|---|
| | | | | 企业名称 | 配套产品 | 所在国家或地区 | 企业名称 | 配套产品 | 所在国家或地区 |
| 1 | 内蒙古希森马铃薯种业 | 乌兰察布 | 种薯、商品薯 | | | | 甘肃陇原兴发生物股份有限公司 | 粉条 | 兰州 |
| | | | | | | | 西安拉维亚生物科技有限公司 | 变性淀粉 | 西安 |
| | | | | | | | 张家口市燕北薯业开发有限公司 | 糕点 | 张家口 |
| | | | | | | | 上好佳（中国）有限公司 | 休闲食品 | 福建 |
| | | | | | | | 亲亲股份有限公司 | 休闲食品 | 晋江 |
| 2 | 内蒙古薯都凯达食品有限公司 | 乌兰察布 | 薯条、片 | 内蒙古薯都裕农种业科技有限公司 | 加工产品薯 | 乌兰察布 | 杭州小天使食品有限公司 | 薯条 | 杭州 |
| | | | | 广州华宝食品有限公司 | 调味料 | 广州 | 百事（中国）投资有限公司 | 薯条 | 北京 |
| | | | | | | | 浙江小王子食品有限公司 | 薯条片 | 浙江 |
| 3 | 蓝威斯顿薯业（内蒙古）有限公司 | 乌兰察布 | 薯条、片 | | | | 肯德基、麦当劳、华莱士、德克士 | 薯条 | 全国多地 |
| 4 | 内蒙古中加农业生物科技有限公司 | 乌兰察布 | 种薯、商品薯 | 荷兰AGRICO公司 | 菜薯品种、种质资源 | 荷兰 | 蓝威斯顿 | 薯条 | 黑龙江、宁夏 |
| | | | | 美国PVMI公司 | 加工薯 | 美国 | 辛普劳 | 薯条 | |
| | | | | | | | 麦肯 | 薯条 | |

（续）

| 序号 | 企业名称 | 所在盟市 | 生产产品 | 上游配套企业及产品（区内外） | | | 下游配套企业及产品 | | |
|---|---|---|---|---|---|---|---|---|---|
| | | | | 企业名称 | 配套产品 | 所在国家或地区 | 企业名称 | 配套产品 | 所在国家或地区 |
| 5 | 雪川集团 | | 种薯、薯条 | 荷兰 HZPC 公司 | 品种 | 荷兰 | | | |
| 6 | 坤元太和 | 锡林郭勒 | 种薯、商品薯 | 荷兰 HZPC 公司 | 品种 | 荷兰 | 辛普劳 | 薯条 | 宁夏 |
| 7 | 内蒙古兴佳薯业有限责任公司 | 呼伦贝尔 | 种薯、商品薯 | 呼伦贝尔市华晟绿色生态农业有限发展公司 | 薯渣利用 | 呼伦贝尔 | 种子销售企业 | 种薯销售 | 呼伦贝尔市 |
| 8 | 内蒙古阴山优麦食品有限公司 | 乌兰察布 | 薯条 | | | | 内蒙古阴山优麦食品有限公司 | 主食 | 乌兰察布市 |
| | | | | | | | 内蒙古蒙薯食品科技有限公司 | 薯条废渣 | 乌兰察布市 |
| 9 | 内蒙古华欧粉淀工业股份有限责任公司 | 赤峰 | 淀粉 | | | | 内蒙古华欧粉淀工业股份有限责任公司 | 玉米秸秆与薯渣利用酵利用 | 呼和浩特市 |
| 10 | 内蒙古康格尔农业科技有限责任公司 | 呼和浩特 | 马铃薯 NK 追溯体系产品 | 内蒙古康格尔农业科技有限责任公司 | NK 追溯系统 | 呼和浩特 | KHAYROON TRADING CONTRACTING & SERVICES W. LL. | 成品与半成品出口 | 卡塔尔 |

# 大豆产业链部分

## 附件 1

### 大豆产业园、产业集群、产业强镇项目情况表

单位：万元

| 项目名称 | 创建年度 | 资金数 | 实施盟市 | 实施旗县（乡镇） | 级别 |
|---|---|---|---|---|---|
| 现代农业产业园 | 2022 | 6 000 | 呼伦贝尔市 | 扎兰屯市 | 国家级 |
| | 2023 | 1 000 | | 莫力达瓦达斡尔族自治旗 | 国家级 |
| | 2023 | 1 000 | | 鄂伦春自治旗 | 自治区级 |
| 大兴安岭大豆优势特色产业集群 | 2021 | 2 300 | 呼伦贝尔市 | 市本级 | 国家级 |
| | | 6 950 | | 莫力达瓦达斡尔族自治旗 | |
| | | 2 500 | | 鄂伦春自治旗 | |
| | | 2 250 | | 阿荣旗 | |
| | | 2 850 | 兴安盟 | 扎赉特旗 | |
| | | 2 350 | | 科尔沁右翼前旗 | |
| | | 800 | | 乌兰浩特市 | |
| 农业产业强镇 | 2021 | 300 | 呼伦贝尔市 | 莫力达瓦达斡尔族自治旗（红彦镇） | 国家级 |
| | 2022 | 300 | 呼伦贝尔市 | 鄂伦春自治旗（大杨树镇） | |
| | 2022 | 300 | 兴安盟 | 扎赉特旗（巴彦扎拉嘎乡） | |
| | 2023 | 300 | 呼伦贝尔市 | 扎兰屯市（卧牛河镇） | |
| | 2023 | 300 | 赤峰市 | 翁牛特旗（毛山东乡） | |

附件2

## 销售收入500万元以上大豆加工企业统计表

单位：万元、吨

| 序号 | 盟市 | 旗县 | 企业名称 | 销售收入 | 产能 | 实际加工量 | 达产率（%） | 主要产品 | 产品产量 |
|---|---|---|---|---|---|---|---|---|---|
| 1 | 呼伦贝尔市 | 鄂伦春自治旗 | 鄂伦春自治旗大杨树荣盛商贸有限责任公司 | 7 816 | 50 000 | 28 000 | 56.00 | 蛋白豆、豆油、豆粕 | 21 000 |
| 2 | | 莫力达瓦达斡尔族自治旗 | 莫力达瓦达斡尔族自治旗富吉粮贸有限公司 | 4 450 | 8 000 | 7 000 | 87.50 | 大豆系列 | 7 000 |
| 3 | | 阿荣旗 | 阿荣旗淳江油脂有限责任公司 | 4 020 | 200 000 | 7 852 | 3.93 | 豆粕、豆油 | 7 224 |
| 4 | | 阿荣旗 | 阿荣旗亿隆粮油加工有限公司 | 3 994 | 50 000 | 7 801 | 15.60 | 豆粕、豆油 | 7 177 |
| 5 | | 扎兰屯市 | 扎兰屯市淳江油脂有限责任公司 | 0 | 180 000 | | 0.00 | 大豆油、豆粕 | 0 |
| 6 | | 莫力达瓦达斡尔族自治旗 | 内蒙古丰汇达粮食集体有限公司 | 990 | 100 000 | 2 000 | 2.00 | 大豆油、大豆膨化饼粉（高端饲料） | 2 000 |
| 7 | | 莫力达瓦达斡尔族自治旗 | 呼伦贝尔塞北食品有限公司 | 550 | 3 000 | 401 | 13.37 | 豆粉 | 401 |
| 8 | | 科尔沁右翼前旗 | 内蒙古蒙佳粮油工业集团有限公司 | 78 590 | 420 000 | 88 000 | 20.95 | 豆油 | 72 000 |
| 9 | 兴安盟 | 乌兰浩特市 | 内蒙古万佳食品有限责任公司 | 15 067 | 80 000 | 19 800 | 24.75 | 酱 | 5 700 |
| 10 | | 突泉县 | 突泉县佳润农业发展有限公司 | 2 555 | 10 000 | 180.36 | 1.80 | 豆瓣酱 | 180.36 |

（续）

| 序号 | 盟市 | 旗县 | 企业名称 | 销售收入 | 产能 | 实际加工量 | 达产率（%） | 主要产品 | 产品产量 |
|---|---|---|---|---|---|---|---|---|---|
| 11 | 通辽市 | 科尔沁区 | 内蒙古玛拉沁生物科技有限责任公司 | 2 150 | 10 000 | 1 500 | 15.00 | 营养餐系列产品、液体剂产品 | 500 |
| 12 | 赤峰市 | 宁城县 | 宁城县口头福调味品有限公司 | 7 830 | 10 000 | 7 012 | 70.12 | 黄豆酱 | 6 539 |
| 13 | | 巴林左旗 | 内蒙古科然生物高新技术有限责任公司 | 6 825 | 100 000 | 310 | 0.31 | 大豆肽粉、大豆低聚糖 | 310 |
| 14 | | 红山区 | 内蒙古川好调味品有限公司 | 4 500 | 5 000 | 2 800 | 56.00 | 酱油、豆豉 | 2 800 |
| 15 | | 红山区 | 赤峰市赤鑫豆制品有限责任公司 | 4 018 | 10 000 | 4 300 | 43.00 | 豆腐片、豆腐干 | 4 300 |
| 16 | | 红山区 | 赤峰瑞嘉食品有限公司 | 1 225 | 5 000 | 2 400 | 48.00 | 腐乳、黄豆酱 | 2 400 |
| 17 | | 林西县 | 林西县大汇食品加工厂 | 650 | 1 500 | 566 | 37.73 | 豆制品 | 560 |
| 18 | | 林西县 | 赤峰市红乐香食品有限公司 | 511 | 10 000 | 1 200 | 12.00 | 酱油 | 1 200 |
| 19 | | 巴林左旗 | 巴林左旗双龙酱厂 | 510 | 5 000 | 700 | 14.00 | 豆瓣酱 | 700 |

**附件 3**

## 销售收入 500 万元以上加工企业产品分类信息表

单位：万吨

| 产品类型 | 产能 | 产能占比（%） | 2022 年实际加工量 | 企业数量 |
|---|---|---|---|---|
| 豆油（豆粕） | 100.8 | 80.16 | 14.065 | 7 |
| 豆粉 | 10.3 | 8.19 | 0.071 1 | 2 |
| 豆制品 | 14.65 | 11.65 | 4.043 9 | 10 |

附件4

## 内蒙古自治区大豆产业链招商远景图

**短板**

| 缺少高产优应的新品种 | 精深加工高附加值产品少、龙头企业少、加工规模小 | 缺少品牌认定、销售难 |

**目标企业**

基础端 → 加工端 → 销售端

制育种企业：黑龙江龙科种业、大北农、北大荒、隆平高科、先正达集团、安徽荃银高科、北大荒垦丰种业、明星农业科技开发

制种大县：呼伦贝尔市莫力达瓦达斡尔族自治旗、鄂伦春自治旗

大豆油：益海嘉里生物科技、大海粮油工业、中储粮油脂工业、河南瑞茂通粮油、秦皇岛金海粮油工业、中纺粮油、东莞嘉吉粮油、泉州福海粮油

其他制品：福荫、鸿光浪花、北大荒豆奶、张小宝、汉康、旭洋、豆豆钰香坊

食品：圣斯食品、福禧粮油、鄂伦春大豆生物科技

物流：中粮集团、中国华粮物流集团、北大荒粮食物流、北京首农食品集团

**措施**

| 支持企业选育高产优质耐病性新品种，提升育种水平 | 加强同国内外加工企业的交流合作，以商招商 | 打造区域公用和企业品牌，促进产销对接 |

附件5

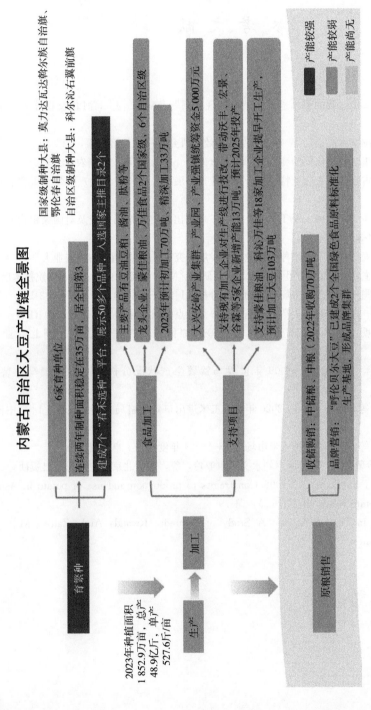

内蒙古自治区大豆产业链全景图

# 参 考 文 献

程雪琦，陈宁远，魏杰，2023. 我国玉米进出口贸易的现状问题及对策 ［J］. 河北农业科学，27（2）：
    100-103.

郭修平，刘帅，2021. 中国玉米进出口 W 型波动及贸易效应研究 ［J］. 经济纵横，第 7 期.

郝永莉，等，2023. 世界玉米贸易格局演变及其影响因素研究 ［D］. 河南：河南农业大学.

胡有林，等，2022. 内蒙古自治区农牧业特色产业（行业）发展报告（2022 年度）［M］. 北京：中国农
    业科学技术出版社.

焦玉平，崔守军，焦长权，2021. 加入 WTO 二十年：玉米进出口贸易格局变迁及对国家粮食安全的影
    响 ［J］. 学术论坛：24-35.

李孟凡，等，2023. 粮食安全视角下玉米种子产业安全发展研究 ［D］. 郑州：河南农业大学.

刘靖文，等，2021. 世界主要玉米生产国生产与出口潜力研究 ［M］. 北京：中国农业科学院技术出版社.

刘绍熹，刘帅，2022. 我国玉米进出口市场势力的变化分析 ［J］. 玉米科学，30（2）：183-190.

刘洋，高杰明，等，2014. 世界马铃薯生产发展基本态势及特点 ［J］. 中国农学通报，30（20）：78-86.

王凤山，李美佳，刘文明，2017. 中国玉米贸易逆差的原因及对策研究 ［J］. 湖北农业科学：
    4396-4398.

吴秋云，黄科，宋勇，等，2012. 2000—2009 年世界马铃薯生产状况分析 ［J］. 中国马铃薯（2）：
    115-121.

赵金媛，胡琦，唐书玥，等，2023. 2010—2020 年全球玉米进出口贸易格局分析及展望 ［J］. 中国饲料
    （23）：195-203.

邹骏，唐晓霄，许亚婷，等，2023. 中国玉米市场 2023—2024 年度报告. 卓创资讯.

Guenthner J F. 2004. 马铃薯 ［M］//吕博，刘永义，申亚玲，等，译. 北京：中国海关出版社.

Maldonado L A，Wright J E，Scott G J. 1998. Constraints to production and use of potato in Asia ［J］.
    American Journal of Potato Research，75（2）：71-79.

Scott G J. 1988. Potatoes in Central Africa：A Study of Burundi，Rwanda And，Zaire ［M］. Lima：
    International Potato Center.

**图书在版编目（CIP）数据**

内蒙古自治区种植业重点产业链发展报告 / 董奇彪，侯丽丽，闫东主编 . -- 北京：中国农业出版社，2024.6. -- ISBN 978-7-109-32114-4

Ⅰ. F326.1

中国国家版本馆 CIP 数据核字第 2024DZ0464 号

中国农业出版社出版

地址：北京市朝阳区麦子店街 18 号楼

邮编：100125

策划编辑：贺志清

责任编辑：史佳丽　贺志清

版式设计：王　晨　　责任校对：张雯婷

印刷：北京印刷集团有限责任公司

版次：2024 年 6 月第 1 版

印次：2024 年 6 月北京第 1 次印刷

发行：新华书店北京发行所

开本：787mm×1092mm　1/16

印张：9.5

字数：220 千字

定价：118.00 元